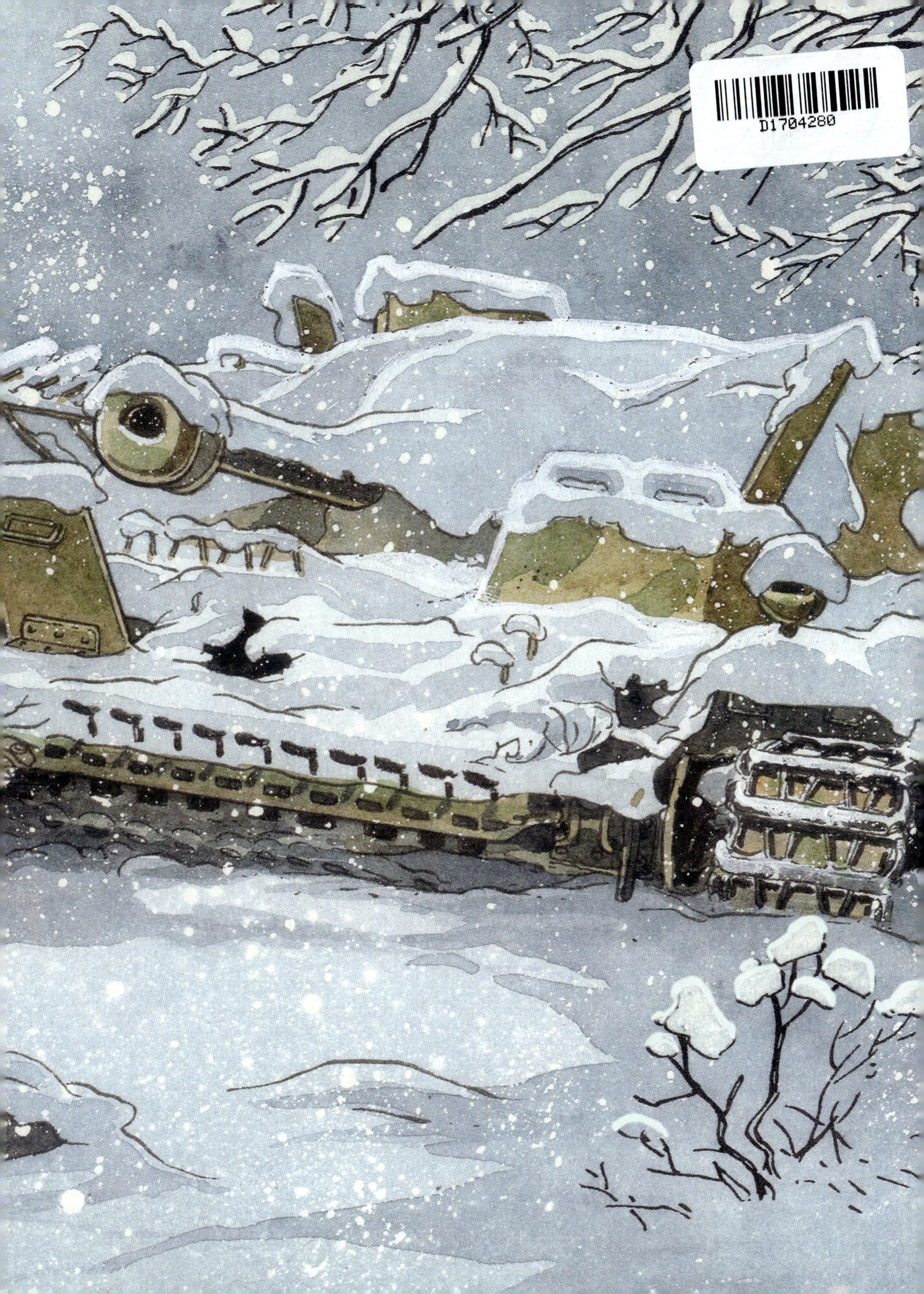

Jarbinet

AIRBORNE 44

Band 4:
Verbundene Schicksale

Text, Zeichnungen und Kolorierung: Philippe Jarbinet

SALLECK PUBLICATIONS
ECKART SCHOTT VERLAG

Wir Europäer sind die Bewohner eines Kontinents, der unzählige mörderische Kriege gesehen hat. Nur Henker, nur Opfer… Nur Massaker, Pogrome, öffentliche Verbrennungen, schlimme Niederlagen und schlimme Siege…
Das gegenwärtige Europa ist die erwachsen gewordene Tochter der 1910er, 20er und 30er Jahre. Zwei Weltkriege mit 80 Millionen Toten und noch mehr Verwundeten hatten zu der festen Gewissheit geführt, dass endlich eine wirkliche Union der ehemaligen Kriegsgegner geschaffen werden musste, damit diese Kriege für immer der Vergangenheit angehören würden. Unser gemeinsames Gedächtnis hat seitdem einen Schutzwall gegen nationalistische und faschistische Strömungen.
Im Alter von 67 Jahren steht Europa wieder an gefährlichen Scheidewegen mit der Verpflichtung, sich in einer gnadenlosen Welt erneuern zu müssen, in der die Armen den Raffgierigen das Recht in Würde zu leben abtrotzen. Dieser Kampf ist zeitlos. Er spaltet die Menschheit seit Anbeginn der Zeit. Dieses Europa, das unsere Väter sich ausgedacht und auf der noch heißen Asche gebaut haben, ist ein Abbild von ihnen und von uns: nicht fehlerlos, etwas chaotisch und manchmal schizophren. Aber dieses Europa ist auch unser gemeinsames Meisterwerk, ein Traum, den wir verinnerlichen müssen, damit er nicht stirbt.
Die vier bisher erschienenen Bände von Airborne 44 sind fiktive Geschichten vor historischem Hintergrund, die eine filigrane, vielleicht etwas ungeschickte, aber ehrliche Liebeserklärung an diesen Kontinent der Träume bilden, der die schlimmsten Ereignisse überlebt hat, um uns die längste Friedensperiode in seiner Geschichte zu schenken.
Werden wir die sein, die unter dem Vorwand seiner Unvollkommenheit aus ihm wieder eine barbarische Welt machen werden, wie der Mann, der seinen Hund töten will, weil dieser angeblich die Tollwut hat? Der Krieg, wenn er ausbricht, gewährt keinem der Völker Pardon, die an ihm teilnehmen.
Im Jahr 2012 sollte man sich an 1933 erinnern und von dieser historischen Lektion lernen, um nicht wieder in die gleiche Lage zu geraten.
Auch unsere Kinder verdienen es, in Frieden zu leben.

Mir liegt viel daran, mich bei Frédéric Thys und Yves Noël für ihr medizinisches Fachwissen zu bedanken, bei Antony Beevor, Joseph Balkoski, Laurent Lefebvre, Didier Lodieu und Fabrice Virgili für ihre hochinteressanten Werke, bei Claude Jeay, dem Direktor der Archives Départementales d'Ille-et-Vilaine, der Communauté de Comunes de Sainte-Mère-Église und den Machern der Internetseite http://www.archivesnormandie39-45.org, die von dem Conseil Régional de Basse Normandie finanziert wird.

Verbundene Schicksale ist Marie-France gewidmet, die ihr kleines Boot hartnäckig dahin gesteuert hat, wohin ihr zerbrechliches Herz es steuern wollte, sowie Kenneth P. McDowell, PFC der Easy Co. des 504. Regiments der 82. Airborne, der am 1. Januar 1945 im Alter von 23 Jahren in den Ardennen getötet wurde.

P. J.

Salleck Publications
Eckart Schott Verlag · Carlsberger Straße 19 · 67319 Wattenheim
Übersetzung: Harald Sachse · Korrektur gelesen von Eckart Schott und Jochen Bergmann · Lettering und Layout: Sibylle Juraschek
Originaltitel: Airborne 44 – Destins Croisés · © 2012 Casterman, Bruxelles, for the present edition
www.casterman.com
© für die deutsche Ausgabe: Eckart Schott Verlag 2013 · 1. Auflage
ISBN: 978-3-89908-484-9
Viele weitere Spitzencomics finden Sie unter www.salleckpublications.de

IN NOMINE PATRIS...
... ET FILII...
... ET SPIRITUS SANCTI...
AMEN.
KOMM, GAVIN. WIR MÜSSEN ZURÜCK... WIR KRIEGEN ÄRGER MIT SERGEANT FLYNN.
DU QUÄLST DICH UMSONST.
ICH WEISS...
Joanne DELANÇAY
12 février 1919
28 avril 1944
DER SOLL SICH ZUM TEUFEL SCHEREN! ICH MUSSTE KOMMEN, AARON! DAS VERSTEHST DU DOCH, ODER??
SINGER, JENTRO! BEWEGT EUREN ARSCH! WIR BRECHEN AUF!

WO GEHT'S HIN, SERGEANT?

WIR STOSSEN ZUM 115. UND 175. BEI COUVAINS.

SIE SCHAFFEN ES NICHT, DIE STRASSE NACH SAINT-LÔ FREIZUKÄMPFEN. MAN SCHICKT UNS ALS VERSTÄRKUNG HIN.

ALS VERSTÄRKUNG...

WIR VOM 116. REGIMENT HABEN KEINE BEKOMMEN AM D-DAY IN OMAHA BEACH. WIR HABEN DIE SCHWERSTEN VERLUSTE ALLER LANDETRUPPEN ZU BEKLAGEN. UND NUN SCHICKT MAN UNS AN DIE VORDERSTE FRONT ZURÜCK, WEIL ZWEI ANDERE REGIMENTER DER 29. DIVISION UNFÄHIG SIND, IHREN TEIL DES JOBS ZU MACHEN.

MEIN GANZER ÜBERLEBENSWILLE IST DAHIN. ICH HABE NUR NOCH DEN GESCHMACK VON ASCHE AUF DER ZUNGE. ES IST WIE EINE AUFFORDERUNG, VORZEITIG ZU STERBEN, UM ALL DEM ZU ENTGEHEN.

ICH STOSSE MIT DEN ANDEREN IN EINE TRISTE, GESTALTLOSE LANDSCHAFT VOR, DEM SICHEREN TOD ENTGEGEN.

JEDE HECKE, DIE WIR ÜBERWINDEN MÜSSEN, IST EINE FURCHTBARE PRÜFUNG, AUF DIE MAN UNS NICHT VORBEREITET HAT. VON ÜBERALLHER DROHEN DEUTSCHE MG-42 AUF UNS ZU FEUERN.

EINE EINZIGE SALVE AUS 20 KUGELN, 12,8 GRAMM SCHWER, KALIBER 7,92 UND 880 M/SEK. SCHNELL, REISST DICH VON KOPF BIS FUSS IN ZWEI TEILE. ICH WEISS, WOVON ICH REDE. DIESE VERFLUCHTEN DINGER HABEN UNS AM OMAHA BEACH IN STÜCKE GESCHOSSEN.

NOCH BEVOR DU DEN ERSTEN SCHUSS HÖRST, BIST DU SCHON EIN BLUTIGER FLEISCHKLUMPEN, DER IM SCHLAMM VERSACKT.

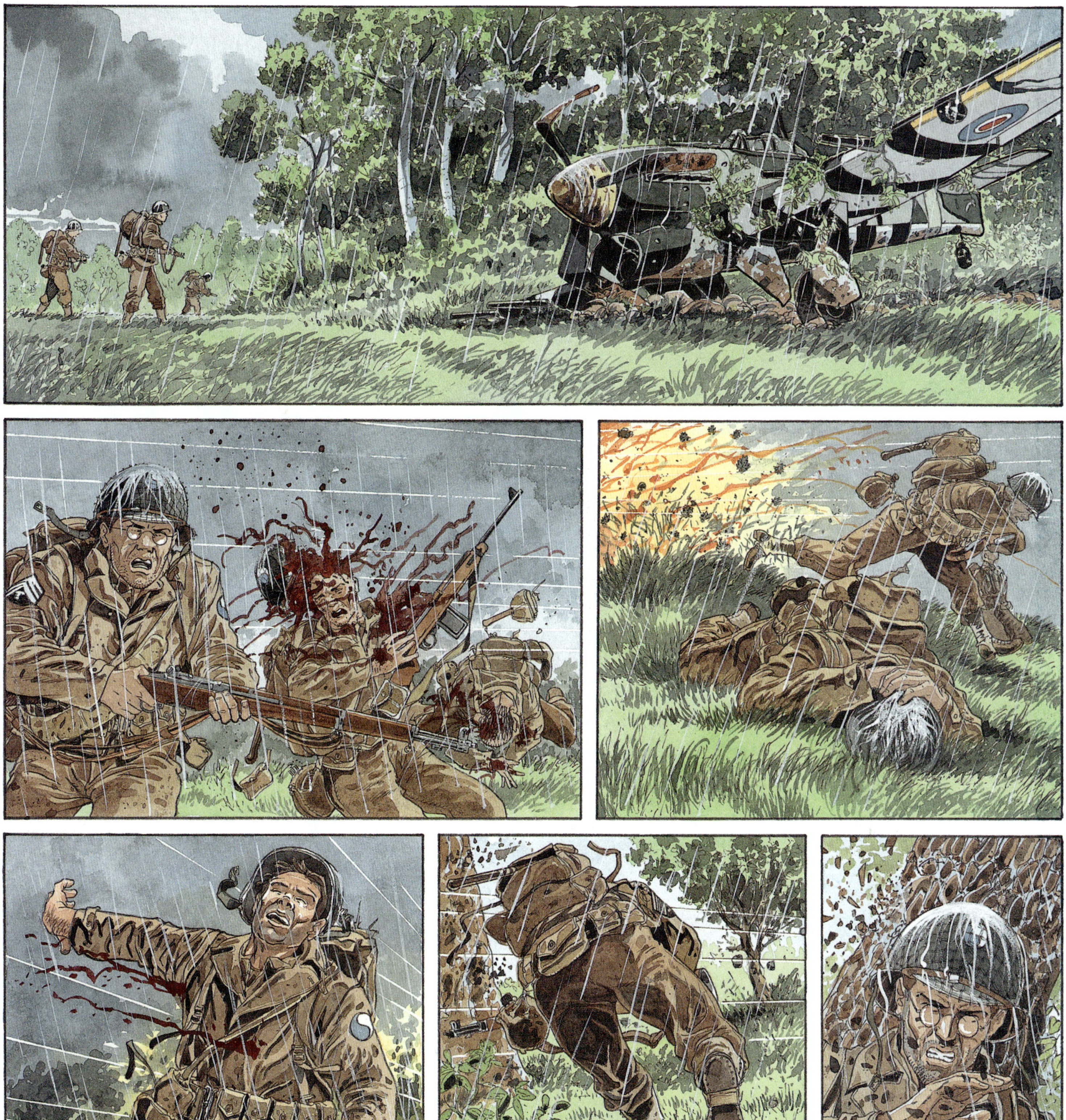

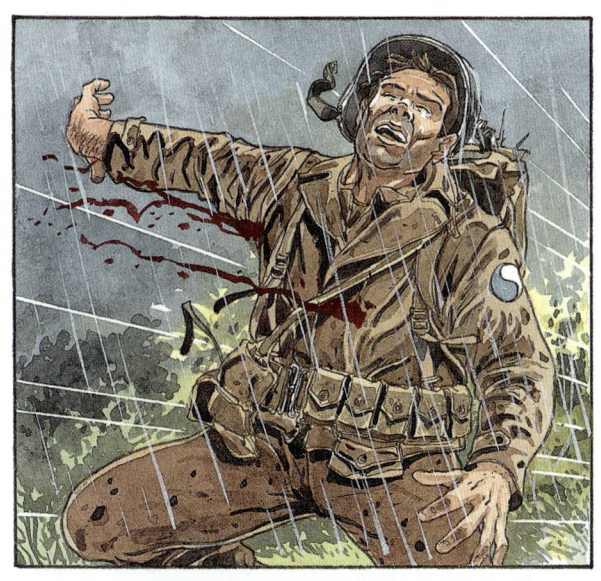

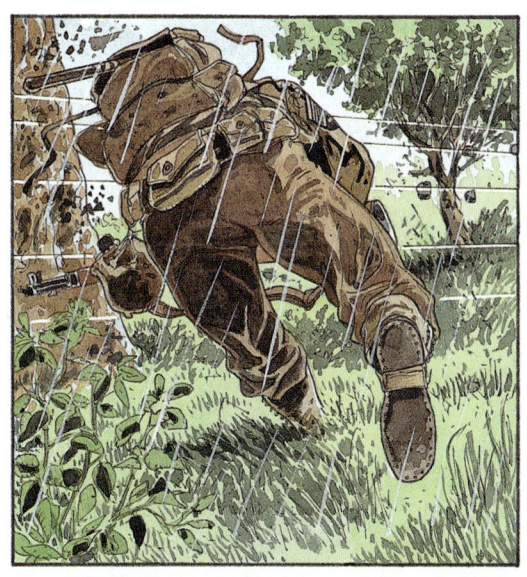

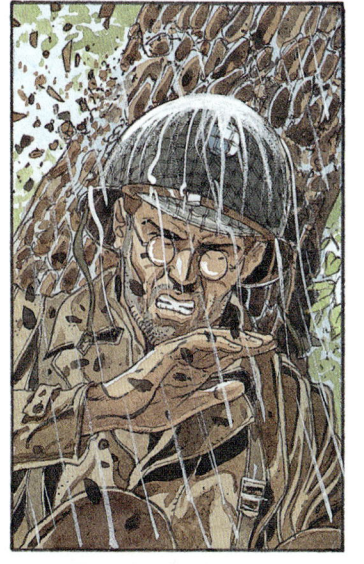

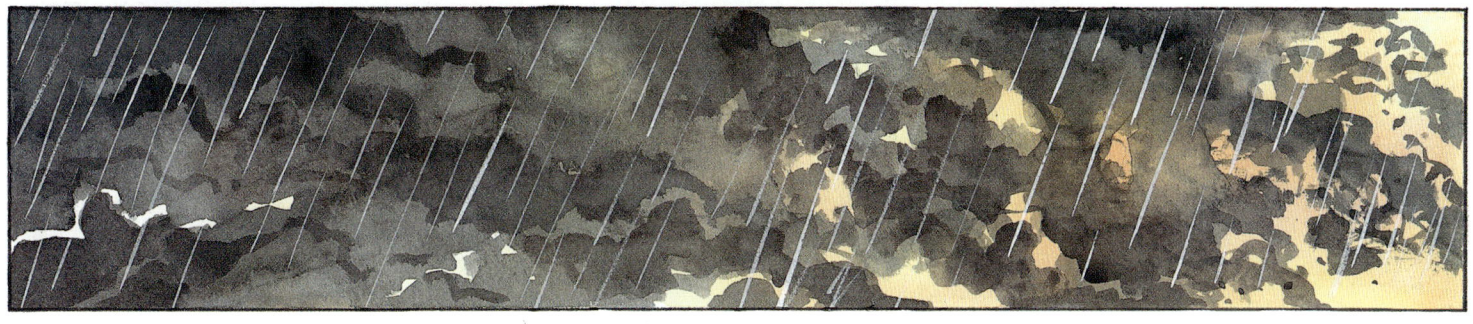

FAST NOCH SCHLIMMER ALS GETÖTET ZU WERDEN IST ES, SICH WIEDER AUFZURAPPELN, MIT EINEM SUMMEN IN DEN OHREN UND MIT AUGEN, DIE SEHEN, WAS SIE NIE HÄTTEN SEHEN DÜRFEN... UND DANN DIESE ANGST...

... DIESE FÜRCHTERLICHE ANGST, DER EINZIGE ÜBERLEBENDE ZU SEIN...

... DIE ANGST ZU ENTDECKEN, WEM DAS GLÜCK GEWOGEN WAR UND WEN ES VERLASSEN HAT.

... DENN GENAU DAS IST DER KRIEG LETZTEN ENDES...

... REINE GLÜCKSSACHE!

ICH ERINNERE MICH NOCH GUT AN DIE WORTE UNSERES REGIMENTSKOMMANDEURS, EIN PAAR TAGE VOR UNSERER ABREISE.

"WIR WERDEN DIESE NAZISCHWEINE MIT EIN PAAR KRÄFTIGEN ARSCHTRITTEN IN IHR VERFLUCHTES LAND ZURÜCKBEFÖRDERN. SIE WERDEN ES BEREUEN, UNS ÜBER DEN WEG GELAUFEN ZU SEIN. GO ON, 29TH!!"

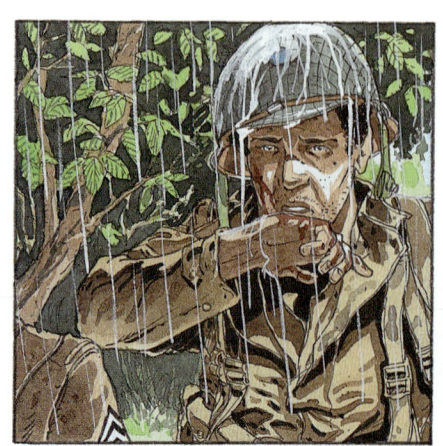

BIS JETZT BIN ICH ES, DER BEREUT, DIESEN TYPEN ÜBER DEN WEG GELAUFEN ZU SEIN!

DENN IN SACHEN KAMPFTECHNIK SIND UNS DIESE "NAZISCHWEINE" MEILENWEIT VORAUS.

WIR SOLLEN GEGEN SIE KÄMPFEN, DABEI KÖNNTEN WIR EINE MENGE VON IHNEN LERNEN. SIE GEHEN METHODISCH VOR, SIND GUT ORGANISIERT UND MUTIG.

NICHT, DASS WIR NICHT MUTIG WÄREN, ABER SIE HABEN SCHON FÜNF JAHRE KRIEG HINTER SICH. VOR ALLEM ABER TREIBT SIE EINE UNGEHEURE MOTIVATION:

DIE ABSOLUTE GEWISSHEIT, DASS SIE, WENN SIE UNS NICHT IN DER NORMANDIE AUFHALTEN, UNS NIRGENDWO AUFHALTEN WERDEN. UND DASS SIE, WENN SIE FRANKREICH VERLIEREN, AUCH DEUTSCHLAND VERLIEREN WERDEN.

WIR DAGEGEN HABEN KEINE LUST HIER ZU SEIN. WIR HABEN NOCH EIN LAND, IN DAS WIR ZURÜCKKEHREN UND IN FRIEDEN LEBEN KÖNNEN.

SIE WISSEN, DASS MAN DAS IHRE DEM ERDBODEN GLEICHMACHEN WIRD. SIE STEHEN MIT DEM RÜCKEN ZUR WAND, UND DAS VERLEIHT IHNEN EINE WUT, WIE WIR SIE NIEMALS HABEN WERDEN!... KÖNNEN WIR SIE OHNE DIESE WUT BESIEGEN?

WIR DENKEN, DASS WIR KEINE SCHLIMMERE SCHLACHT MEHR ERLEBEN WERDEN ALS DIE BEI DER LANDUNG.

DAS IST EIN IRRTUM. SAINT-LÔ ERWARTET UNS.

SONNABEND, 17. JUNI.

SCHEISSWETTER!

HEFTIGER ANGRIFF DES ERSTEN BATAILLONS...

MÖRSERGRANATEN...

PANZERGRANATEN...

88 MM-GRANATEN...

TOTE... VERWUNDETE, ÜBEL ZUGERICHTET... ÜBERALL SCHREIE... UND KEIN GELÄNDEGEWINN...

GEBT EINEM DIESER DRÜCKEBERGER VOM S3* EINEN BLEISTIFT UND EINE KARTE IN DIE HAND UND ER GEWINNT EUCH IN ZWEI STUNDEN EINE SCHLACHT! MISTKERLE!

*S3: VERANTWORTLICHER OFFIZIERSSTAB FÜR DIE OPERATIONEN EINES REGIMENTS. ANM. DES ÜBERS.

DIENSTAG, 11. JULI...

SEIT DREIEINHALB WOCHEN BEWEGEN WIR UNS NUN SCHON EINE MEILE VOR SAINT-LÔ. ALLE UNSERE ANGRIFFE SIND GESCHEITERT. HEUTE MORGEN SCHICKT MAN UNS AUF DEM COLLINE DE MARTINVILLE INS HÖLLENFEUER.

"EINE SCHWADRON, EIN PANZER, EIN FELD". DAS IST DAS EINZIGE MITTEL, GEGEN DIE DEUTSCHEN FALLSCHIRMJÄGER VORZURÜCKEN.

ICH GLAUBE, WIR HABEN IHRE HAUPTVERTEIDIGUNGSLINIE DURCHBROCHEN. MCDOWELL, FRAG BEIM KOMMANDOPOSTEN NACH. ICH WILL WISSEN, WER UNSERE LINKE FLANKE ABDECKT.

ZU BEFEHL, SERGEANT!

STU LOVEJOY STIRBT DURCH DEN SPLITTER EINER 88 MM-GRANATE. ER WAR EIN FEINER KERL...

PAT FINUCANES HIRN WIRD VON EINEM AST DURCHBOHRT, DEN EINE MÖRSERGRANATE ABGERISSEN HAT.

DIE ERSATZKRÄFTE HABEN NICHT DIE ZEIT, AUSGEBILDET ZU WERDEN. UM DIE ALTEN KÄMPFER ZU SCHONEN, SCHICKT DER GENERALSTAB UNERFAHRENE GRÜNSCHNÄBEL AUF KAMPFPATROUILLE, WO SIE SCHNELL ZU KANONENFUTTER WERDEN.

MAN VERLEGT SIE INS HINTERLAND, OHNE WIRKLICH ETWAS FÜR SIE TUN ZU KÖNNEN.

DIE ÜBERLEBENDEN SIND AUF DIE EINE ODER ANDERE ART GEISTIG VERWIRRT. SIE VERKRIECHEN SICH IN IHREM LOCH, UND NIEMAND KANN IHNEN BEGREIFLICH MACHEN, WARUM SIE DORT SIND.

SIE SIND FAST ZU BENEIDEN...

MAN WIRFT SIE WIE FLEISCHBROCKEN INS GEFECHT... IM GRUNDE SIND WIR GENAU DAS GEWORDEN: VULGÄRES FLEISCH, DAS NIEMAND NACH SEINER MEINUNG FRAGT.

UNS ERREICHEN BRIEFE, DIE UNS DARAN ERINNERN, DASS MAN WEIT WEG VON HIER, IN DEN USA, DEN KRIEG OHNE DIE ANGST ERLEBT, JEDEN AUGENBLICK GETÖTET ZU WERDEN.
16. Juli 1944
Gavin, mein Kleiner,
Papa und ich denken jede Minute an dich. Und wir sind weiß Gott nicht nicht die einzigen. Überall sind Fahnen aufgehängt zum Zeichen, dass wir ganz nahe bei euch sind. Nie zuvor seit meiner Ankunft in Amerika 1923 habe ich so viel Patriotismus erlebt, wie er jetzt überall zu spüren ist. Das Blau, Weiß und Rot erinnert mich an die Farben der Tricolore die mein Vater so sehr liebte. Pass gut auf dich auf und komm gesund zurück aus diesem verdammten Krieg. Wir lieben dich sehr,
Mama und Papa
PATRIOTISMUS …
IMMERHIN EINE IDEE, DIE ÜBERLEBT HAT.
PATRIOTEN WAREN EINIGE VON UNS AUCH, BEVOR SIE IN DIE SCHLACHT ZOGEN. ABER NACH FÜNFZIG TAGEN AN DER FRONT ZÄHLT NUR NOCH EINES: ÜBERLEBEN!
DIE NÄCHTE SIND KURZ UND DOCH ENDLOS. FERNE EXPLOSIONEN TAUCHEN DEN HIMMEL IN GLÜHENDES ROT.
ERSTICKTE SCHREIE, GANZ IN DER NÄHE… DAS SCHLUCHZEN EINES JUNGEN… GERÄUSCHE EINER NACHT IM KRIEG…
ZWEI MANN PRO SCHÜTZEN-LOCH… DU SCHLÄFST, ICH WACHE… ICH SCHLAFE, DU WACHST…
DIE LIDER SCHWER… DIE AUGEN GERÖTET… NICHT EINNICKEN… DURCHHALTEN…
DIE, DIE DIESE VORSCHRIFT MISS-ACHTEN, FINDET MAN AM MORGEN MIT DURCHGESCHNITTENER KEH-LE… DER FEIND IST UNSICHTBAR, HART, LAUTLOS, UNERBITTLICH…
VON DEM BERGKAMM AUS, WO SIE SICH VERSCHANZT HABEN, NEHMEN UNS DIE DEUTSCHEN PANZER UNTER BESCHUSS.
FEUER!
EINE GRANATE REISST MCMILLAN DEN KOPF AB, ALS WIR ÜBER EIN FELD RENNEN…
ER MACHT NOCH DREI SCHRITTE, BEVOR ER ZU-SAMMENBRICHT…
ICH HALTE SEINEN KOPF IN MEINEN HÄNDEN… ICH… ICH ÜBERLEGE, IHN MITZUNEHMEN, ABER…
… WAS SOLLTE ICH DAMIT MACHEN?
ICH… VERLIERE LANGSAM DEN VERSTAND… ALLES IST SO SINNLOS.

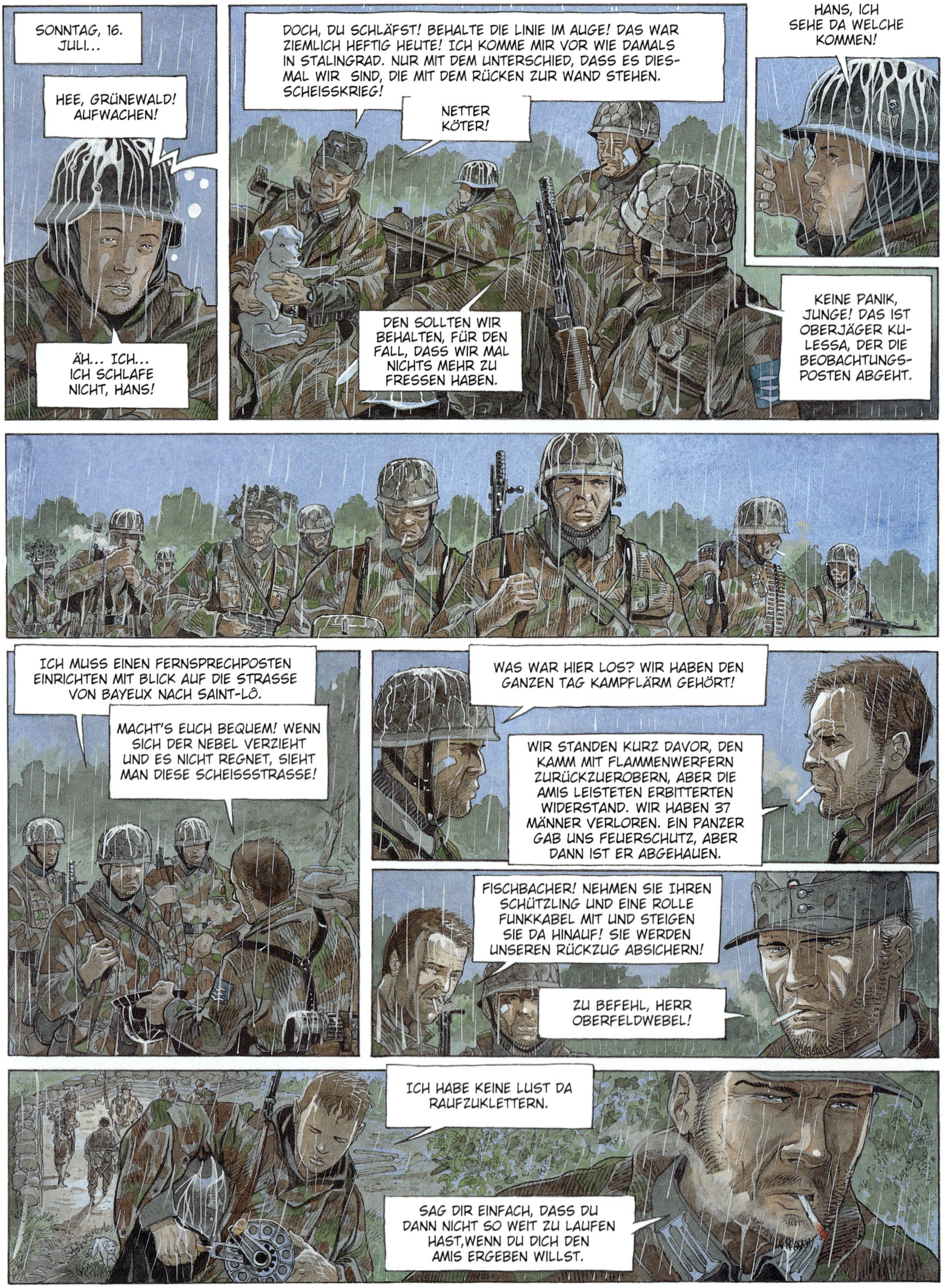
SONNTAG, 16. JULI...
HEE, GRÜNEWALD! AUFWACHEN!
ÄH... ICH... ICH SCHLAFE NICHT, HANS!
DOCH, DU SCHLÄFST! BEHALTE DIE LINIE IM AUGE! DAS WAR ZIEMLICH HEFTIG HEUTE! ICH KOMME MIR VOR WIE DAMALS IN STALINGRAD. NUR MIT DEM UNTERSCHIED, DASS ES DIESMAL WIR SIND, DIE MIT DEM RÜCKEN ZUR WAND STEHEN. SCHEISSKRIEG!
NETTER KÖTER!
DEN SOLLTEN WIR BEHALTEN, FÜR DEN FALL, DASS WIR MAL NICHTS MEHR ZU FRESSEN HABEN.
HANS, ICH SEHE DA WELCHE KOMMEN!
KEINE PANIK, JUNGE! DAS IST OBERJÄGER KULESSA, DER DIE BEOBACHTUNGSPOSTEN ABGEHT.
ICH MUSS EINEN FERNSPRECHPOSTEN EINRICHTEN MIT BLICK AUF DIE STRASSE VON BAYEUX NACH SAINT-LÔ.
MACHT'S EUCH BEQUEM! WENN SICH DER NEBEL VERZIEHT UND ES NICHT REGNET, SIEHT MAN DIESE SCHEISSSTRASSE!
WAS WAR HIER LOS? WIR HABEN DEN GANZEN TAG KAMPFLÄRM GEHÖRT!
WIR STANDEN KURZ DAVOR, DEN KAMM MIT FLAMMENWERFERN ZURÜCKZUEROBERN, ABER DIE AMIS LEISTETEN ERBITTERTEN WIDERSTAND. WIR HABEN 37 MÄNNER VERLOREN. EIN PANZER GAB UNS FEUERSCHUTZ, ABER DANN IST ER ABGEHAUEN.
FISCHBACHER! NEHMEN SIE IHREN SCHÜTZLING UND EINE ROLLE FUNKKABEL MIT UND STEIGEN SIE DA HINAUF! SIE WERDEN UNSEREN RÜCKZUG ABSICHERN!
ZU BEFEHL, HERR OBERFELDWEBEL!
ICH HABE KEINE LUST DA RAUFZUKLETTERN.
SAG DIR EINFACH, DASS DU DANN NICHT SO WEIT ZU LAUFEN HAST, WENN DU DICH DEN AMIS ERGEBEN WILLST.

MICH ERGEBEN? WO ICH AN DIESEM VERDAMMTEN STRAND SO VIELE VON DEN JUNGS GETÖTET HABE?
DAS SIEHT MAN DIR JA NICHT AN.
MAN MERKT, DASS DU EINE GUTE ERZIEHUNG GENOSSEN HAST, MARKUS. DEINE ELTERN MÜSSEN DICH SEHR GERN HABEN. DU HAST GLÜCK. ICH MÖCHTE, DASS DU DIESE SCHEISSE ÜBERLEBST.
DAS WÜNSCHE ICH DIR AUCH, HANS.
LASS GUT SEIN, MEIN JUNGE. ICH HABE ES DIR NICHT GESAGT, ABER... MEINE FRAU IST IM FEBRUAR GESTORBEN. MIR IST ES EGAL, OB ICH ZURÜCKKOMME ODER NICHT.
DAS... DAS WUSSTE ICH NICHT.
ICH DACHTE, SIE WÄRE...
ALSO, ICH... ICH WEISS NICHT, WAS ICH DACHTE... TUT MIR LEID, HANS.
DEN ARSCHLÖCHERN IN BERLIN SOLLTE ES LEID TUN, MARKUS. DU KANNST NICHTS DAFÜR.
HIER BLEIBEN WIR. GIB MIR DAS KABEL, DAMIT ICH ES AN DAS FUNKGERÄT ANSCHLIESSEN KANN. UND AB JETZT WIRD NICHT MEHR GEREDET.
AARON! ICH HABE DICH ÜBERALL GESUCHT! ICH HABE KAFFEE FÜR DICH... NUN JA... KALTEN KAFFEE, UM EHRLICH ZU SEIN.
!? IRGENDWAS NICHT IN ORDNUNG?
FÜR MICH GIBT ES KEIN MORGEN MEHR, ICH SPÜRE ES..
ACH KOMM.. WIESO SAGST DU SOWAS?
SEIT ZWEI NÄCHTEN HABE ICH ALBTRÄUME... UND ICH MUSS IMMER AN MEINE FAMILIE DENKEN. DAS IST KEIN GUTES ZEICHEN.
GLAUBST DU AN GOTT, GAVIN?
GOTT...
AN WELCHEN GOTT? AN DEN SCHÖPFER DES UNIVERSUMS ODER DEN, ZU DEM DIE LEUTE BETEN, DAMIT ER IHRE KLEINEN ALLTAGSSORGEN REGELN MÖGE? DA DIE DEUTSCHEN DEN GLEICHEN HABEN WIE WIR, FÜRCHTE ICH, DASS ES DA EINEN INTERESSENKONFLIKT GIBT. SEIT JAHRHUNDERTEN SCHON VERGIESSEN WIR STRÖME VON BLUT. UND WEIL WIR NICHT DEN MUMM HABEN, UNS ZU UNSERER MORDLUST ZU BEKENNEN, BELÜGEN WIR UNS SELBST, UM VERGEBUNG ZU ERLANGEN.
IM ZIVILLEBEN WÜRDEN SIE UNS DRANKRIEGEN FÜR DAS, WAS WIR TUN... HIER HÄNGEN SIE UNS ORDEN UM..
DAS WEISS ICH ALLES, GAVIN... ABER ES LÖST NICHT MEIN PROBLEM.
DANN BETE. SO KANNST DU WENIGSTENS EINSCHLAFEN.

MONTAG, 17. JULI, 4:30.

WIR SIND AUF KAMPFPATROUILLE UNTERWEGS NACH SAINT-LÔ, WO DAS 2. BATAILLON SCHON SEIT ZWEI LANGEN TAGEN EINGESCHLOSSEN IST.

PASST AUF, WO IHR HINTRETET!

DAS 9. FALLSCHIRMJÄGER-REGIMENT HAT SICH HIER IRGENDWO VOR UNS VERSCHANZT. VIELLEICHT HABEN SIE UNS SCHON IM VISIER. ABER UNS BLEIBT KEINE WAHL, WIR MÜSSEN WEITER. DAS IST DER BEFEHL!

ALLE HABEN SICH INS HOHE GRAS GEWORFEN.

EIN EINZIGER SCHUSS!... ZWEIFELLOS EIN HECKENSCHÜTZE!

PAW!

SELBST AUF DIE GEFAHR HIN, DASS...

DECKUNG!!

SANI GUILLINGAM BEUGT SICH ÜBER DEN JUNGEN, DEN ES ERWISCHT HAT.

DANN RICHTET ER SICH LANGSAM AUF. ICH HABE ANGST UM IHN. ER GIBT EIN IDEALES ZIEL AB, UND DER FEIND NIMMT NICHT IMMER RÜCKSICHT AUF DIE HELME MIT DEM ROTEN KREUZ...

ER SIEHT MICH AN...

... UND ICH BEGREIFE, WARUM ER SEIN LEBEN RISKIERT.

AARON!!

ES IST AARON, DEN SIE GETÖTET HABEN!

AARON...

SEPTEMBER 1942.
DAS IST DAS CHRYSLER BUILDING. SIEHT IN WIRKLICHKEIT NOCH BESSER AUS ALS AUF FOTOS, ODER, GAVIN?
KOMM MIT, ICH ZEIGE DIR, WO ICH GEBOREN BIN, IN DER HOUSTON STREET.
ICH WERDE DER ERSTE AUS DER GANZEN LOWER EAST SIDE SEIN, DER IN HITLERS BÜRO PISSEN WIRD! MEIN WORT!
KATZ'S That's all!
KATZ'S FAMOUS DELICATESSEN KNOWN as the Best SINCE 1888
LUDLOW ST
MEINE MUTTER WARTET AUF UNS. BIST DU BEREIT?
DU WIRST NICHT NACH BERLIN GEHEN, AARON. DU WIRST AUCH NICHT NACH NEW YORK ZURÜCKKEHREN. UND DU WIRST AUCH DEINE MUTTER NIE WIEDERSEHEN. ABER, BEI GOTT, ICH FÜHLE MICH BEREIT! ZUM ERSTEN MAL, SEIT ICH FRANZÖSISCHEN BODEN BETRETEN HABE, HABE ICH KEINE ANGST MEHR.
ICH HABE KEINE ANGST MEHR!!
MIR IST ES EGAL, OB ICH IM KAMPF FALLE!
JETZT ZÄHLT NUR NOCH EINES...
BANG BANG
KLINK
TÖTEN!
TÖTEN!
KLIK KLAK
LADEHEMMUNG! SCHEISS LADEH...
TÖTEN!
TÖTEN!

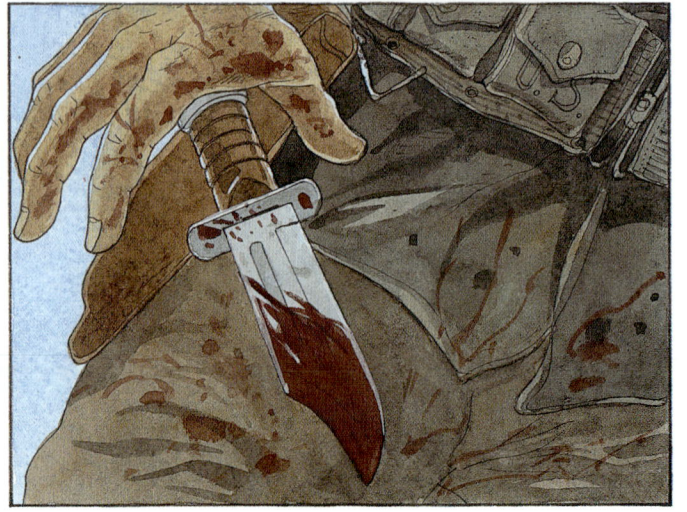

TÖTEN!

TÖTEN!

TÖTEN!

TÖTEN!

TÖTEN!

TCHAK TCHA

TÖTEN!

TÖTEN!

TÖTEN!

TÖTEN!

TÖ...!

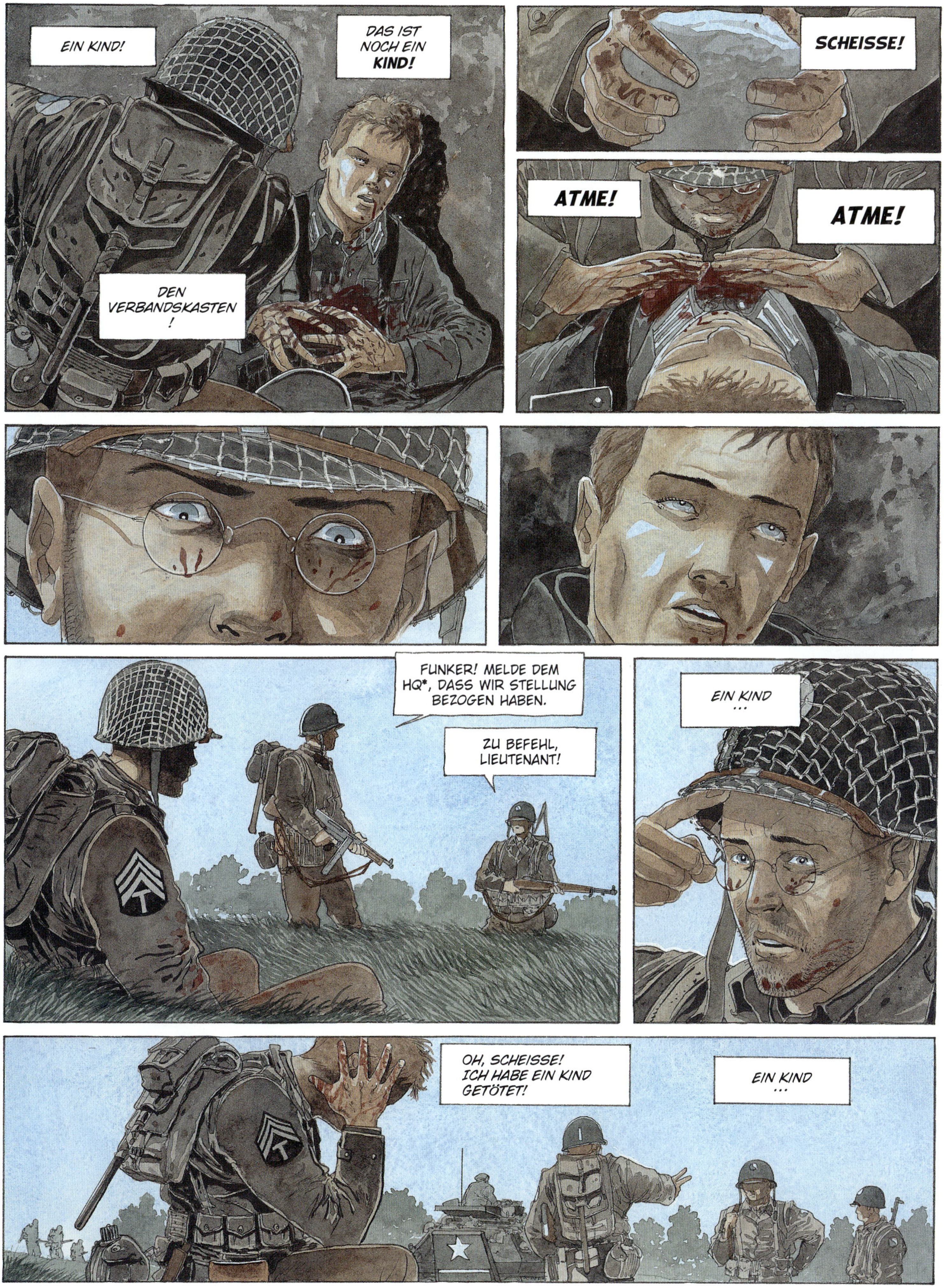

* HAUPTQUARTIER. ANM. DES ÜBERS.

IST DAS AARON?	ER HAT NICHT GELITTEN, GAVIN!

HABEN SIE ZIGARETTEN?

ZIGARETTEN?

BEHALTEN SIE DIE SCHACHTEL! ICH RAUCHE NICHT.

DANKE... THANK YOU...

DA, SEHEN SIE...

DIE SONNE...

MITTWOCH, 19. JULI.
SAINT-LÔ IST GESTERN GEFALLEN, UND WIE AM OMAHA BEACH HAT MAN UNS BEAUFTRAGT, DIE TOTEN EINZUSAMMELN... ETWAS AUSSERHALB DER ZERSTÖRTEN STADT HAT EIN SANITÄTSPOSTEN SEINE ZELTE AUFGESCHLAGEN.
AUCH HIER ZÄHLT MAN DIE TOTEN.
WO SIND DIE DUSCHEN? WIR STINKEN WIE DIE PEST.
DA HINTEN! ABER BEEILT EUCH! MAN ERWARTET EUCH ZUR WACHABLÖSUNG IN DER STADT!
IN ORDNUNG!
GODDAM! DAS WASSER IST EISKALT!!
Hi girls, No trepassing!
ÜBERALL DIESE RUINEN!... WOZU BEFREIT MAN EIN LAND, WENN ES HINTERHER UNBEWOHNBAR IST?
MANN, JENTRO! JETZT FANG NICHT WIEDER DAMIT AN. ES IST KRIEG, VERDAMMT!
KRIEG ODER NICHT, WIESO LEGT MAN EINE GANZE STADT IN SCHUTT UND ASCHE??
SOWEIT ICH DAS VERSTANDEN HABE, TUT MAN ES, UM CHAOS ZU VERBREITEN, SERGEANT!
JA, GENAU! ICH BIN SICHER, DASS KRIEGE DAS ZIEL HABEN, CHAOS ZU VERBREITEN.
GAVIN!
!?
15

GAVIN!

JOANNE!?!

ABER... ABER WIE...

ICH... ICH HABE DEINEN NAMEN AUF EINER GRABPLATTE IN CARENTAN GELESEN...

DAS IST EINE LANGE GESCHICHTE... ABER ICH LEBE!

WOW! DAS IST SIE ALSO, DEINE JOANNE!

WAS SAGT MAN DAZU, JUNGS?! SEHT EUCH BLOSS MAL DIESEN HÜBSCHEN KÄFER AN!

JETZT IST MIR KLAR, WARUM DU IN ENGLAND VOR SEHNSUCHT FAST UMGEKOMMEN BIST!

KOMM!

HE!

WO WILL ER DENN HIN, UNSER JENTRO?

JEDENFALLS NICHT BLUMEN PFLÜCKEN...

ALLES KLAR, SOLDATEN? WO IST JENTRO?

ÄHM... DER IST KURZ WEG, UM EINER ZIVILISTIN ZU HELFEN, LIEUTENANT. ER IST BALD ZURÜCK.

WENN DIE BEIM STAB RAUSKRIEGEN, DASS WIR GAVIN GEDECKT HABEN, GIBT'S RICHTIG ÄRGER.

DER STAB SOLL SICH ZUM TEUFEL SCHEREN!... UND GENERAL GERHARDT* GLEICH MIT...

WAS IST PASSIERT, JOANNE? WIESO STEHT DEIN NAME AUF DIESER GRABPLATTE?

ES WAR LETZTES JAHR AM 28. APRIL...

* CHARLES H. GERHARDT, KOMMANDANT DER 29. INFANTERIEDIVISION. ANM. DES ÜBERS.

VIOLETTE UND ICH KAMEN AUS SAINT GEORGES ZURÜCK. AN EINER KREUZUNG HABEN WIR UNS GETRENNT. ICH BIN NACH CARENTAN WEITERGEFAHREN UND SIE NACH SAINT LAURENT.

ICH KAM NACHTS GEGEN HALB ZWEI ZU HAUSE AN, NICHT AHNEND, WAS WENIGE STUNDEN SPÄTER GESCHEHEN WÜRDE...

DRIING

MADAME DELANÇAY? GENDARMERIE NATIONALE... WIR HABEN IHNEN EINE TRAURIGE NACHRICHT ZU ÜBERBRINGEN...

ICH STAND AN DER TREPPE UND HÖRTE ALLES, WAS SIE SAGTEN...

IHRE TOCHTER JOANNE... ICH... MAN HAT SIE AN DER STRASSE, NICHT WEIT VON LA MADELEINE...

HIER SIND IHRE AUSWEISPAPIERE. SIE... SIE IST MIT DEM FAHRRAD AUF EINE MINE GEFAHREN.

ES IST BESSER, WENN SIE SIE NICHT SEHEN...

WIR MÖCHTEN IHNEN UNSER TIEFES BEILEID...

ZUERST VERSTAND ICH ÜBERHAUPT NICHTS...

DOCH DANN HATTE ICH EINEN FÜRCHTERLICHEN VERDACHT.

WAS IST DA PASSIERT, JO? WAS HAST DU LETZTE NACHT GEMACHT? WIE KOMMT DAS BLUT AUF DEINEN AUSWEIS?

DA WURDE MIR ALLES KLAR.

DIE AUSWEISKONTROLLE LETZTE NACHT...

ICH HATTE DEN GENDARMEN SO AUS DER FASSUNG GEBRACHT, DASS ER NICHT AUFPASSTE, ALS ER UNS DIE PAPIERE ZURÜCKGAB...

ER HATTE SIE VERTAUSCHT!

AM NACHMITTAG KAMEN VIOLETTES ELTERN PAUL UND ROSE MIT DEM BUS ZU UNS. ICH WAGTE NICHT, IHNEN IN DIE AUGEN ZU SEHEN, DENN ICH GAB MIR DIE SCHULD AN DEM, WAS PASSIERT WAR.

DU MUSST DICH NICHT SCHULDIG FÜHLEN, JO. ES IST NICHT DEINE SCHULD. VERSTEHST DU?

ES IST *NICHT* DEINE SCHULD!

SCHULD IST DIESER VERDAMMTE KRIEG! UND SCHULD SIND DIE DEUTSCHEN SOLDATEN!

NICHT VIOLETTE!

UND NICHT DU!

WÄRE ICH MIT IHR GEGANGEN, WIE SIE ES MIR ANGEBOTEN HATTE, WÄRE SIE WAHRSCHEINLICH NOCH AM LEBEN.

ODER IHR WÄRT BEIDE TOT!

WAS GESCHEHEN IST, IST GESCHEHEN. AUCH WENN DU DAS DENKST, DU KANNST NICHTS DAFÜR.. NICHTS...! VIOLETTE UND DU, IHR WOLLTET ETWAS TUN, IHR WOLLTET HANDELN!

VIELLEICHT IST VIOLETTE NICHT UMSONST GESTORBEN. DAS HÄNGT JETZT VON DIR AB, JUSTINE. VON DIR UND JO.

!?

ICH WEISS NICHT, WAS DU MEINST, PAUL!

IHR HABT EUCH NICHTS VORZUWERFEN. IHR HABT MEHR MUT BEWIESEN ALS DIE MEISTEN LEUTE HIER, DIE VIER JAHRE LANG NICHTS UNTERNOMMEN HABEN.

WENN ROSE EINVERSTANDEN IST, HALTEN WIR VIOLETTES TOD GEHEIM, BIS DER KRIEG VORÜBER IST. WIR KÖNNTEN SAGEN, SIE SEI ZU UNSERER FAMILIE NACH MONTPELLIER GEFAHREN. NIEMAND WIRD UNANGENEHME FRAGEN STELLEN.

ABER WARUM SOLLTEN WIR DAS TUN?

VIOLETTE HAT WEISS GOTT EIN RECHT DARAUF, BESTATTET UND BETRAUERT ZU WERDEN. ICH SEHE KEINEN SINN IN DEM, WAS DU SAGST.

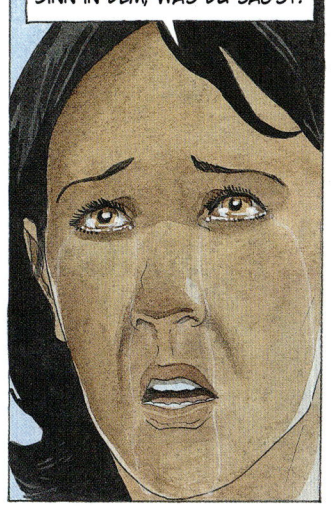

VIOLETTE WIRD IHREN PLATZ IN UNSEREN HERZEN HABEN... ABER AUCH WENN ES UNS DIESES HERZ ZERREISST - DIE, WIR ZU GRABE TRAGEN, WIRD JOANNE SEIN, DEINE TOCHTER.

... UND ICH ERKÄRE DIR AUCH, WARUM...

DREI TAGE SPÄTER WURDE VIOLETTE IN UNSERER FAMILIENGRUFT BEIGESETZT.

ICH STAND KEINE ZWEIHUNDERT METER ENTFERNT DAVON. ICH SAH GESTALTEN, DIE SICH SCHWEIGEND AUF DEM FRIEDHOF VERSAMMELTEN...

MEINE VIOLETTE...

ICH MALTE MIR AUS, WIE IHR SARG IN DIE GRUBE SANK, IN DIE KALTE ERDE, SO WEIT WEG VON DER WELT DER LEBENDEN...

ICH SAH DEN SCHMERZ IHRER ELTERN, DEN VON FRANÇOIS UND ELEONORE, DIE MEINE MUTTER NOCH NICHT EINGEWEIHT HATTE.

VIOLETTE WAR TOT... ERST IN DIESEM AUGENBLICK WURDE MIR DAS SO RICHTIG BEWUSST.

NICHT NACHLASSEN... NICHT AUFGEBEN...

... DURCHHALTEN, FÜR SIE!

ICH HATTE KEINE IDENTITÄT MEHR...

... KEINE PAPIERE...

... NICHTS MEHR.

ICH STIEG AUF MEIN FAHRRAD, LIESS DIE SONNE HINTER MIR UND FUHR ZU DENEN, DIE VERSTECKT IM SCHATTEN WIDERSTAND LEISTETEN.

SIE ERWARTETEN MICH AM VEREINBARTEN ORT, WIE GEISTER TAUCHTEN SIE AUS DEM NICHTS AUF.

WIR SIND ZWEI TAGE MARSCHIERT, IMMER SORGSAM DARAUF BEDACHT, DIE HAUPTVERKEHRSWEGE ZU MEIDEN.

SCHLIESSLICH KAMEN WIR ZU EINER LICHTUNG MITTEN IM WALD. SPÄTER ERFUHR ICH, DASS ES DER WALD VON MOYON WAR, UNWEIT VON BEAUCOUDRAY.

DORT ERWARTETE MICH ANDRÉ.

ES WAR MEINE IDEE GEWESEN, MICH DER RÉSISTANCE ANZUSCHLIESSEN, NICHT DIE VON VIOLETTE...

ICH WUSSTE NICHT WIRKLICH, WIE ER ES AUFGENOMMEN HATTE...

... ER HAT MICH EINFACH UMARMT.

ES GIBT MÄNNER WIE IHN, DIE EINE NATÜRLICHE SEELENGRÖSSE BESITZEN UND DICH DARAN TEILHABEN LASSEN, OHNE ETWAS DAFÜR ZU VERLANGEN.

DA NACH IHM GEFAHNDET WURDE, HATTE ER NICHT EINMAL IHRER BEERDIGUNG BEIWOHNEN KÖNNEN.

ICH WAR AUF DAS SCHLIMMSTE GEFASST...

UM ZU VERHINDERN, DASS ICH LEUTEN ÜBER DEN WEG LAUFE, DIE MICH KENNEN, SCHLEUSTE MICH ANDRÉ IN EIN NETZ IN DER BRETAGNE EIN, MIT FALSCHEN PAPIEREN UND EINER GEWISSHEIT, DIE KEIN ANDERER MAQUISARD* HABEN KONNTE...

... DER GEWISSHEIT, DASS MAN MICH IM FALLE EINER VERHAFTUNG DURCH DIE GESTAPO NIE WÜRDE IDENTIFIZIEREN KÖNNEN, DA ICH JA ALS TOT GALT.

FÜR MEINE FAMILIE BEDEUTETE DIES, DASS SIE SICH, WAS AUCH GESCHAH, UM MICH KEINE SORGEN MACHEN MUSSTE. GENAU SO HATTE VIOLETTES VATER ES SICH AUSGEDACHT.

ICH HATTE NOCH NIE IM LEBEN EINE WAFFE ANGERÜHRT, JA NICHT EINMAL AM NATIONALFEIERTAG EINEN BÖLLER GEZÜNDET. WIE SOLLTE ICH DA ZU IRGENDETWAS NÜTZLICH SEIN?

... VOR ALLEM NACHTS...

DIE MIT DEUTSCHEN MILITÄRGÜTERN BELADENEN ZÜGE HATTEN DIE FATALE NEIGUNG, DIE VORGEGEBENEN PFADE ZU VERLASSEN...

... WAS DAS LAND GLÜHEND ROT AUFLEUCHTEN LIESS...

DIE MEISTEN AKTIONEN WAREN BESCHEIDENER, ABER STETS RISKANT. DIE DEUTSCHEN KANNTEN KEINE GNADE.

NATIONALSPORT DER RÉSISTANCE SCHIEN ES ZU SEIN, DEN STROMVERSORGERN UND DER SNCF** KOSTEN ZU VERURSACHEN...

SCHLIESSLICH WURDE ICH EINER MEDIZINISCHEN EINHEIT ZUGETEILT.

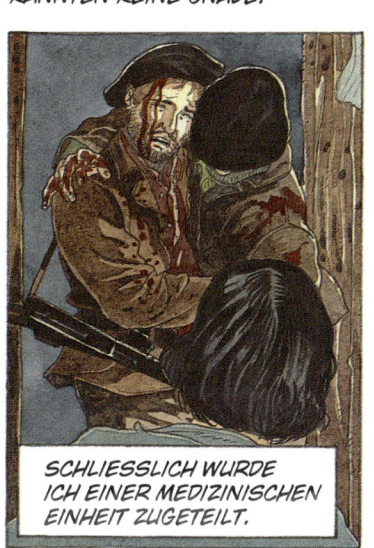

* RÉSISTANCE-KÄMPFER.
** SNCF – SOCIÉTÉ NATIONALE DES CHEMINS DE FER FRANÇAIS – STAATLICHE FRANZÖSISCHE EISENBAHNGESELLSCHAFT. ANM. DES ÜBERS.

WENN ICH SAGE „MEDIZINISCHE EINHEIT", DANN IST DAS MASSLOS ÜBERTRIEBEN. GENAU GENOMMEN BESTAND SIE AUS FRANÇOISE, EINER KRANKENSCHWESTER, UND MIR.

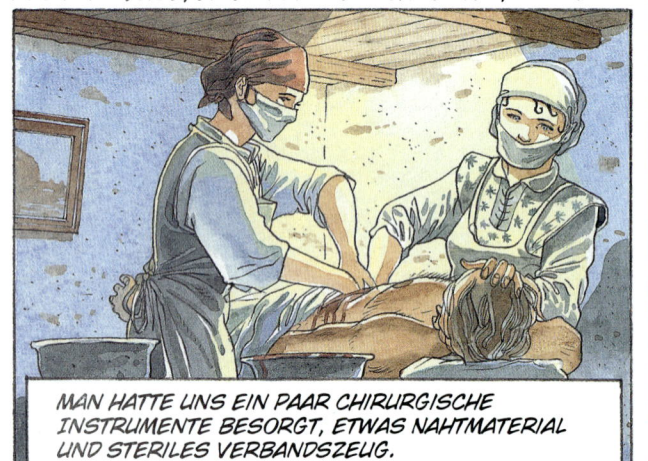

IM ÜBRIGEN OPERIERTEN WIR WIE IM MITTELALTER, UNTER FURCHTBAREN BEDINGUNGEN. ES MANGELTE AN ALLEM, BESONDERS AN ANTISEPTIKA.

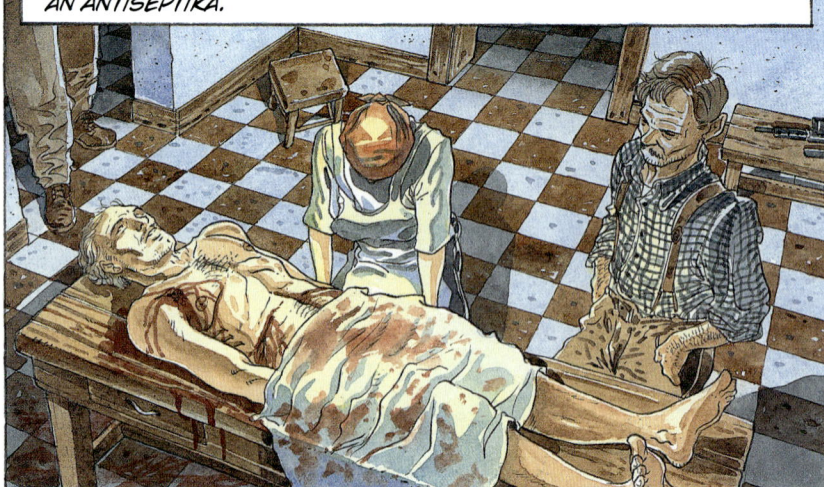

MAN HATTE UNS EIN PAAR CHIRURGISCHE INSTRUMENTE BESORGT, ETWAS NAHTMATERIAL UND STERILES VERBANDSZEUG.

HENRI GUILLARD VON DER PARTISANEN-GRUPPE SAINT MARCEL, KEINE 18 JAHRE ALT, KONNTE ICH EBENSOWENIG RETTEN WIE GILLES BRÉZAUT, ÜBERLEBENDER DES MAQUIS AUS SAFFRÉ, DER MIT DEM FAHRRAD ZU UNS GEKOMMEN WAR...

AUCH RAMON GONZALEZ, EIN SPANISCHER KOMMUNIST AUS DER GRUPPE TY GLAS, DER SICH UNS ZUR VERSTÄRKUNG ANGESCHLOSSEN HATTE, STARB UNTER MEINEN HÄNDEN...

... AIMÉ LANTEROT AUS DER GRUPPE SURCOUF...

... LISE DE REGANAT VON DER S.O.E.*, DIE ANFANG MAI MIT DEM FALLSCHIRM ABGESPRUNGEN WAR...

EINES MORGENS BEI TAGESANBRUCH WURDEN WIR VON DEN DEUTSCHEN ÜBERRASCHT. IRGENDWO HATTE JEMAND VON UNS GESPROCHEN.

DEN MÄNNERN BLIEB GERADE NOCH ZEIT, IHRE WAFFEN ZU PACKEN UND SICH HINTER DEM HAUS ZU VERSCHANZEN.

JOANNE! LAUF IN DEN WALD UND VERSTECK DICH! SCHNELL!!

ICH WILL EUCH HELFEN!!

TU, WAS ICH DIR SAGE, VERDAMMT!! DU KANNST JA NICHT EINMAL SCHIESSEN!

* S.O.E. SPECIAL OPERATIONS EXECUTIVE – BRITISCHE SPEZIALEINHEIT FÜR BESONDERE EINSÄTZE IM ZWEITEN WELTKRIEG. ANM. DES ÜBERS.

BANG BRATATTATTATATATTAT BANG BANG

ICH GE-
HORCHTE...

ICH FLOH...

DIE SCHÜSSE WURDEN SELTENER...

... DANN HERRSCHTE TOTENSTILLE.

ES REGNETE SEIT STUNDEN.

TROTZ DER KÄMPFE ERREICHTE ICH NACH NEUN TAGEN CARENTAN. ICH WAR NUR NACHTS MARSCHIERT.
CARENTAN
UNSER HAUS WAR IN EINEM TRAURIGEN ZUSTAND.
JOANNE?
BIST DU ES WIRKLICH, JO? WIR DACHTEN, DU SEIST…
… TOT, ICH WEISS. ABER ICH LEBE, MONSIEUR LOUVIAC. DAS IST EINE LANGE GESCHICHTE.
WO… WO IST MEINE FAMILIE? WOZU DIESE BRETTER VOR DER TÜR UND DEN FENSTERN IM ERDGESCHOSS?
DIE STADT HAT SCHWER GELITTEN. DER BÜRGERMEISTER WURDE AM 23. JUNI ERMORDET.
GEH ZU MONSIEUR FONTAINE… ER WIRD DIR ALLES SAGEN… ICH… ES TUT MIR LEID, JOANNE…
WIR HABEN SIE AM 15. JUNI BEGRABEN.
EIN AMERIKANISCHER FALLSCHIRMJÄGER HAT SIE VERSEHENTLICH ERSCHOSSEN. ER HAT DARÜBER FAST DEN VERSTAND VERLOREN.
ER HAT IHREN NACHBARN SEINEN GANZEN SOLD UND SEIN SILBERNES TAUFKREUZ GEGEBEN, DAMIT SIE DIE BESTATTUNGSKOSTEN BEZAHLEN. WIR KONNTEN IHN NICHT DAVON ABBRINGEN.
HIER IST ALLES. ES WÄRE NICHT ANSTÄNDIG GEWESEN, ES ZU VERWENDEN. DIE JUNGS HABEN MEHR FÜR UNSERE BEFREIUNG GEGEBEN, ALS SIE HÄTTEN GEBEN MÜSSEN. DIESER HIER HIESS YEPSEN.
Luther Calvin Yepsen

INNERHALB VON NUR DREI MONATEN HATTE ICH MEINE GANZE FAMILIE VERLOREN. ICH WAR RATLOS. IN MEINER VERZWEIFLUNG GING ICH NACH SAINT LAURENT, ZU VIOLETTES FAMILIE.
IHR HAUS LAG KEINE ZWEI KILOMETER VON DER KÜSTE ENTFERNT. EINE GRANATE HATTE ES TEILWEISE ZERSTÖRT.
JOANNE, MEINE KLEINE JOANNE...
ES TUT MIR SO LEID...
ICH LASSE DIR EIN BAD EIN...
DIESE BADEWANNE...
WIE OFT HATTEN VIOLETTE UND ICH DARIN GESESSEN, ALS WIR KINDER WAREN...
NIEMALS WÜRDEN WIR UNS WIEDER GEGENÜBERSITZEN UND HERUMALBERN. NIEMALS WÜRDE ICH MAMA, ELEONORE UND FRANÇOIS WIEDERSEHEN.
ICH ERFUHR, DASS DIE AMERIKANER IN BOUTTEVILLE, NICHT WEIT VON SAINTE-MÈRE-ÉGLISE, EIN FELDLAZARETT ERRICHTET HATTEN.
128th EVAC. HOSP.
BEDAURE, MISS, ABER DIE BEFUGNIS ZU OPERIEREN ERTEILEN WIR NUR AMERIKANISCHEN CHIRURGEN.
ABER ES IST MEIN BERUF. ICH SPRECHE FLIESSEND ENGLISCH. SIE HABEN JEDE MENGE VERWUNDETE ZU VERSORGEN. ICH KÖNNTE IHNEN HELFEN...
TUT MIR LEID, ABER SIE KÖNNTEN ALS KRANKENSCHWESTER ANFANGEN. ICH WÜRDE IHRE BEWERBUNG UNTERSTÜTZEN.
ROSS MOBILE
UND SO WURDE ICH KRANKENSCHWESTER IM 128. EVACUATION HOSPITAL. ICH LEERTE WANNEN VOLLER BLUT UND REINIGTE DIE TISCHE, AUF DENEN WIE AM FLIESSBAND SOLDATEN OPERIERT WURDEN.

DIE CHIRURGEN OPERIERTEN 24 STUNDEN AM TAG.
HOLY GOD! SEINE LEBER IST MITTENDURCH GERISSEN. AUCH DIE ARTERIA HEPATICA HAT WAS ABBEKOMMEN... ICH BRAUCHE HILFE. WO IST MAJOR LEAKEY?
ETO BLOOD BANK
IN ZELT 4! ER OPERIERT EINEN BAUCHSCHUSS...
GODDAM! ICH HABE AUCH NUR ZWEI HÄNDE!
ÄH... ICH KANN IHNEN HELFEN, WENN SIE WOLLEN... ICH... ICH HABE IN PARIS DUTZENDE DEUTSCHE SOLDATEN OPERIERT!
!?
SAGEN SIE, SCHWESTER... WOFÜR HALTEN SIE SICH?
RUHIG, MAX...
WENN SIE GELOGEN HA-BEN, IST DIESER MANN TOT...
DANN MACHEN SIE MAL!

Panel 1: AH, MAJOR BURTON... WIE GEHT ES CAPTAIN MOORE, SCHWER VERWUNDET WIE ER IST?

Panel 2: WIE ER WAR, COLONEL... ZWEIMAL HÄTTEN WIR IHN FAST VERLOREN, ABER ER HAT GLÜCK GEHABT.

Panel 3: ... DIESE JUNGE FRANZÖSISCHE SCHNEIDERIN HAT IHRE HÄNDE IN SEINE EINGEWEIDE GETAUCHT UND SEINE LEBER MIT KREUZSTICHEN VERNÄHT. ICH DENKE, ICH WERDE SIE BEHALTEN.

ES IST IHR TEAM, MAJOR...

Panel 4: ES IST MEIN TEAM, JA... ... UND ES IST BESSER ALS GESTERN UM DIESE ZEIT.

MMH... ALLES KLAR, MAJOR!

Panel 5: UND DIE VORSCHRIFTEN BEZÜGLICH DER AUSLÄNDISCHEN CHIRURGEN? ... SIND DUMMES ZEUG!

BESORGEN SIE SICH WAS VERNÜNFTIGES ZUM ANZIEHEN. WIE HEISSEN SIE?

JOANNE DELANÇAY.

NA DANN, WILLKOMMEN IN DER HÖLLE, MISS DELANÇAY...

Panel 6: SO BIN ICH JETZT ALSO HIER UND OPERIERE BURSCHEN WIE DICH.

Panel 7: DU ERSTAUNST MICH IMMER WIEDER, JO... DU LÄSST DICH DURCH NICHTS UNTERKRIEGEN. BESTIMMT LIEBE ICH DICH GERADE DESHALB.

UND ICH DACHTE, ES SEI WEGEN MEINES TOLLEN BUSENS...

Panel 8: UND DU? WIE IST ES DIR ERGANGEN?

ICH KANN ES DIR NICHT BESCHREIBEN. VIELE DER JUNGS, DIE ICH KANNTE, SIND GEFALLEN.

ICH MÖCHTE NICHT DARÜBER SPRECHEN. DIE WAHRHEIT IST EINFACH ZU UNBESCHREIBLICH.

WOHIN WERDEN SIE EUCH SCHICKEN?
ICH HABE KEINE AHNUNG.
ES WAR DIE REDE VON DER BRETAGNE... VON BREST, GLAUBE ICH... ABER SCHLIMMER ALS DAS, WAS WIR IN LES HAIES ERLEBT HABEN, KANN ES AUCH NICHT WERDEN.
VERSPRICH MIR, VORSICHTIG ZU SEIN. NUTZE DEINE ERFAHRUNG UND RICHTE DICH VOR ALLEM NACH DEINEM INSTINKT!
ERFAHRUNG UND INSTINKT GENÜGEN NICHT, DAS WEISST DU. ABER ICH WERDE MEIN BESTES TUN. DAS KANN ICH DIR VERSPRECHEN.
WIR WERDEN ÜBERLEBEN, GAVIN, HÖRST DU? WIR WERDEN DIESEN SCHEISSKRIEG ÜBERLEBEN... WIR WERDEN KINDER HABEN UND STEINALT WERDEN. ICH WILL, DASS ES SO SEIN WIRD.
ICH MUSS INS KRANKENHAUS ZURÜCK. ICH HABE NIEMANDEM GESAGT, DASS ICH WEG BIN.
ICH AUCH NICHT. VIELLEICHT LOCHEN SIE MICH EIN, ABER DAS IST MIR EGAL.
UNSEREN ELTERN HABEN SIE IM ERSTEN WELTKRIEG DIE JUGEND GERAUBT. UNS IM ZWEITEN.
ICH VERZWEIFLE AN DER MENSCHHEIT.
GAVIN !
JETZT KOMM ENDLICH! WIR RÜCKEN AB!

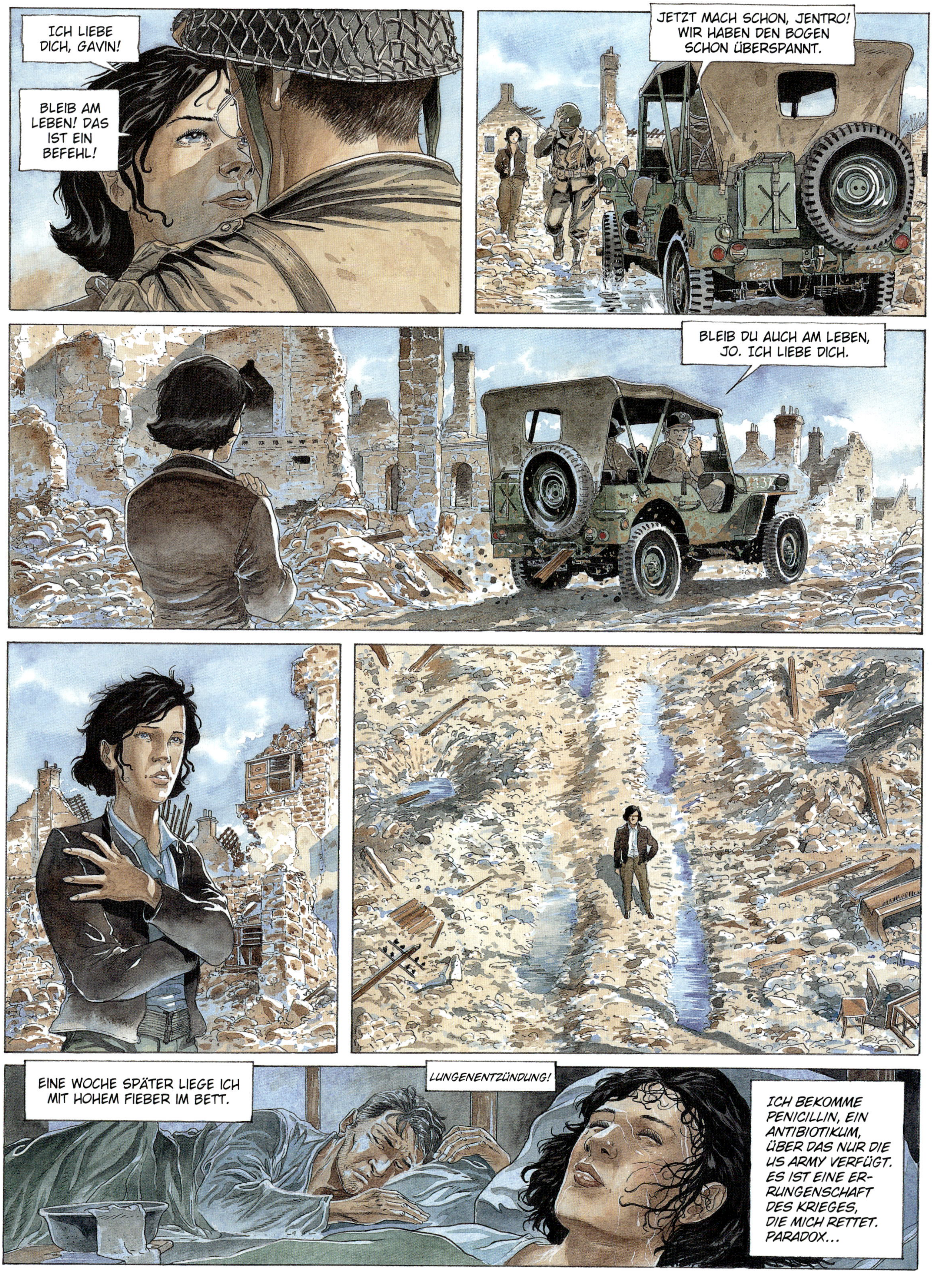
ICH LIEBE DICH, GAVIN!
BLEIB AM LEBEN! DAS IST EIN BEFEHL!
JETZT MACH SCHON, JENTRO! WIR HABEN DEN BOGEN SCHON ÜBERSPANNT.
BLEIB DU AUCH AM LEBEN, JO. ICH LIEBE DICH.
EINE WOCHE SPÄTER LIEGE ICH MIT HOHEM FIEBER IM BETT.
LUNGENENTZÜNDUNG!
ICH BEKOMME PENICILLIN, EIN ANTIBIOTIKUM, ÜBER DAS NUR DIE US ARMY VERFÜGT. ES IST EINE ERRUNGENSCHAFT DES KRIEGES, DIE MICH RETTET. PARADOX...

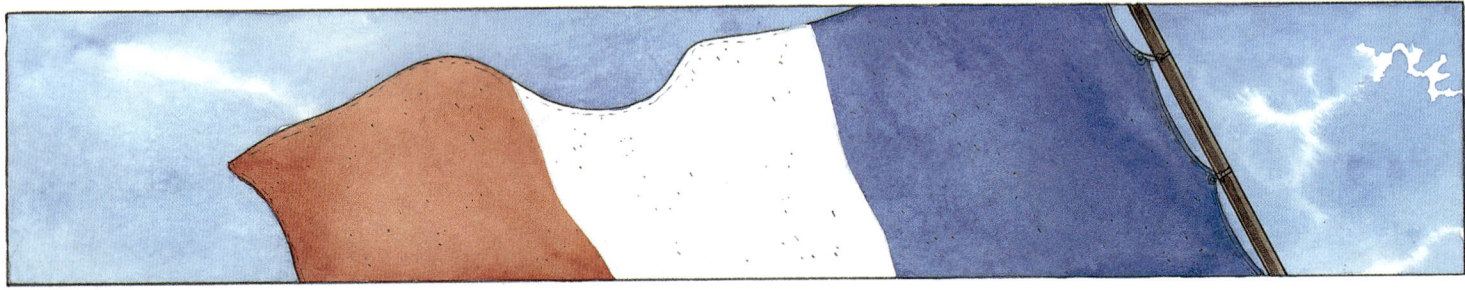

* TOD DEN SCHWEINEHUNDEN

— Ich arbeite für die Amerikaner. Ich war krank, aber es geht mir schon besser. Wohin fahrt ihr?
— Wohin wir fahren?

— Na, wohin fahren wir wohl, Jo?
— Nach Paris natürlich!

— Nach Paris??
— Nimm mich mit! Ich will dorthin zurück, das ist...
— Oooh... mir wird ganz...

— Ach! Und das nennst du „besser gehen"?
— Sanitäter!

— Sie hatte eine schwere Lungenentzündung. Joanne? Joanne... hören Sie mich?... Sehen Sie mich an! Gut so.

— Du bleibst schön hier und wirst gesund, Soldat Delançay! Wir treffen uns in Paris, ja, aber erst, wenn du wieder auf den Beinen bist!
— Wo finde ich dich?

— ...Ruf diese Nummer an. Die wissen, wo du mich findest. Ach übrigens, das wird dich interessieren...

— Mathieu de la Sorge! Wir haben ihn im Juli gefasst, als er versuchte zu den Boches* zu fliehen. Nach dem Krieg wird er vor Gericht gestellt!
— Ich muss weiter. Tu, was ich dir gesagt habe: werde gesund.

— Man nennt diese Kompanie „La Nueve"! Ich war mit einigen dieser Jungs in Jarama!** In Paris erzähle ich dir mehr darüber. ¡No pasarán!***

* Französisches Schimpfwort für Deutsche.

** Jarama: Schlacht im spanischen Bürgerkrieg im Februar 1937
*** ¡No pasarán!: Sie werden nicht durchkommen. Schlachtruf der Republikaner im spanischen Bürgerkrieg. Anm. des Übers.

ICH WAR NICHT IN PARIS, ALS DER BERÜHMTE GENERAL DE GAULLE DIE CHAMPS ÉLYSÉES HINUNTERSCHRITT.

ICH SASS 250 KILOMETER ENTFERNT HUSTEND VOR DEM RADIO UND HÖRTE MIR DIE ÜBERTRAGUNG AN.

ICH KANNTE SEIN GESICHT AUS DER WOCHENSCHAU, DIE MAN UNS NACH DER ANKUNFT UNSERES LAZARETTS IN SENONCHES VORGEFÜHRT HATTE.

DER OPERATIONSSAAL IST MIR JEDENFALLS NOCH FÜR EINIGE WOCHEN VERBOTEN. DAS NUTZE ICH, ZUMAL SICH DIE DEUTSCHE ARMEE IN SCHAREN ZURÜCKZIEHT.

WO IMMER IN DER BRETAGNE DU AUCH BIST, ICH HOFFE, DU PASST AUF DICH AUF, WIE DU ES VERSPROCHEN HAST. ICH LIEBE DICH. JOANNE

ENDLICH KÖNNEN WIR UNS ERHOLEN UND UNSERE DIENSTE NEU ORGANISIEREN! ICH HABE SOGAR URLAUB BEKOMMEN, UM NACH PARIS ZU FAHREN! EIN WAHRER SEGEN...

SERGEANT, DIE PATROUILLE WARTET NUR NOCH AUF SIE!

ICH KOMME.

DIESER WALD HAT ETWAS MAGISCHES, SERGEANT! MAN HAT DAS GEFÜHL, GLEICH WÜRDEN ELFEN DEN WEG KREUZEN!

BAOOOMM

SCHEISSE...

4. SEPTEMBER 1944, AM FRÜHEN MORGEN... GAVIN, ICH BIN ENDLICH IN PARIS, WO ICH ANDRÉ UND SEINEN FREUND MANUEL GETROFFEN HABE. SIE HABEN ZUSAMMEN IN SPANIEN GEKÄMPFT, IN DER SCHLACHT VON JARAMA.

DORT HABE ICH EINE KUGEL IN DEN HALS BEKOMMEN, SEÑORITA!

UND ICH EINE IN DEN ARSCH, WOMIT MEIN EINSATZ IN SPANIEN EIN WENIG RUHMREICHES ENDE FAND. AM 2. MÄRZ 37 HABE ICH BARCELONA IN RICHTUNG BREST VERLASSEN. ICH HABE GEHEULT VOR WUT, JO!

1941, ALS ALLES VERLOREN WAR, HABE ICH MICH NACH MAROKKO ABGESETZT UND BIN IN DAS AFRIKA-FREIKORPS EINGETRETEN, DANACH IM JULI 43 IN DIE 2. PANZERDIVISION. SO WURDEN WIR KOMMUNISTEN DER ERSTEN STUNDE...

... ZU KOMMUNISTEN UNTER DEM KOMMANDO VON GENERAL DE GAULLE! DER KRIEG WIRFT AUF SEINEM WEG WIRKLICH ALLES ÜBER DEN HAUFEN.

MIR WAR NOTRE-DAME IMMER FRÜH MORGENS AM LIEBSTEN, WENN SIE, NOCH VERSCHLAFEN, NUR FÜR MICH ZU ERWACHEN SCHIEN.

DABEI BIN ICH NICHT WIRKLICH GLÄUBIG.

ICH GLAUBE, WAS MICH BERÜHRT, IST DIE SEELENGRÖSSE, DIE SO VIELE MENSCHEN AUFBRINGEN MUSSTEN, UM SIE ZU ERRICHTEN UND SIE GEGEN DIE UNBILDEN DER WELT ZU WAPPNEN.

SEELENGRÖSSE... REDEN WIR ÜBER SIE...

ES SIND DREI...
SIE SITZEN IM FREIEN... STUMM... APATHISCH... DIE MENGE BESCHIMPFT SIE...
DU MISTSTÜCK!
NAZIHURE!
ANDRÉ!!
VERSUCH'S ERST GAR NICHT, JOANNE! SIE WÜRDEN DICH LYNCHEN!
KOMM, MANUEL, WIR MÜSSEN...
WAS IMMER WIR IN DIESEM VERDAMMTEN KRIEG GETAN HABEN, JO... DIE EINZIGE BELOHNUNG HIERFÜR WIRD DIE ERINNERUNG AN DAS SEIN, WAS UNS DEN ANSTOSS GEGEBEN HAT ZU HANDELN.
DU WIRST DIE WELT NICHT ÄNDERN, JO, ABER LASS AUCH NICHT ZU, DASS SIE DICH VERÄNDERT.
LUTHER C. YEPSEN...
WER BIST DU, DASS DICH DER TOD MEINER FAMILIE SO SEHR BELASTET?
Luther C. Yepsen
82nd AB-505th

SENONCHES, 9. SEPTEMBER...

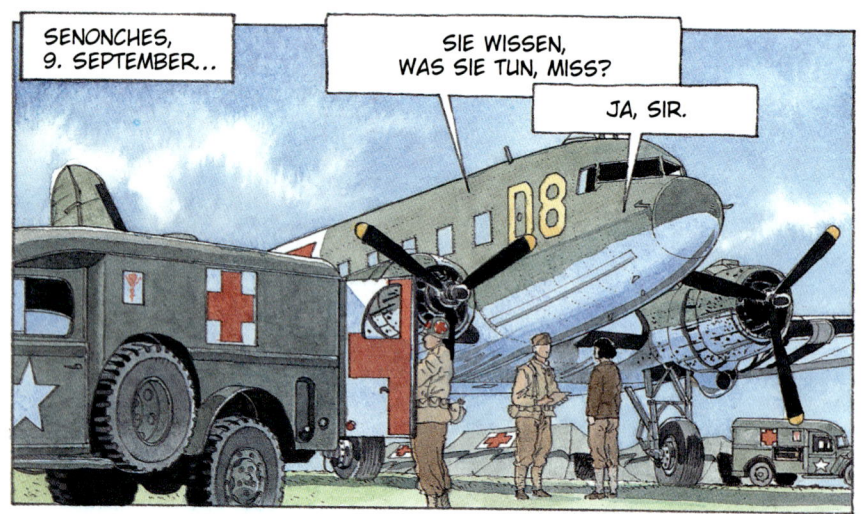

SIE WISSEN, WAS SIE TUN, MISS?

JA, SIR.

WARUM SCHLIESSEN SIE SICH NICHT DEN ROCHAMBELLES* VON GENERAL LECLERC AN? DIE 2. PANZERDIVISION HAT PARIS GESTERN VERLASSEN. SIE KÖNNTEN IN BAR-SUR-AUBE ZU IHR STOSSEN.

ICH HABE MEINE GRÜNDE.

DAS SAGTEN SIE BEREITS, UND ICH WIEDERHOLE, WAS ICH IHNEN GEANTWORTET HABE: SIE HABEN KAUM EINE CHANCE, IHR ZIEL ZU ERREICHEN.

GESTATTEN SIE MIR, DASS ICH ANDERER MEINUNG BIN.

HOSPITÄLER SIND WIE TRICHTER, DIE MEISTEN SOLDATEN HABEN EINE GUTE CHANCE, HIER ZU LANDEN. ICH WILL, DASS ES DAS SCHICKSAL GUT MIT MIR MEINT.

SIE »WOLLEN«, MISS? IM KRIEG HAT NIEMAND ETWAS ZU WOLLEN. MAN KANN SICH NUR ETWAS ERHOFFEN, BESTENFALLS...

GUT, DANN SAGEN WIR, DASS ICH ES STARK HOFFE.

NA SCHÖN. ICH BEHALTE SIE FÜR 6 MONATE BEIM 128. EVAC. MORGEN VERLEGEN WIR DAS LAZARETT NACH BELGIEN, WO ES IN FRONTNÄHE BLEIBEN WIRD.

BESORGEN SIE SICH EINE UNIFORM! EINE RICHTIGE.

SIE BEGEBEN SICH ALSO AUF EIGENEN WUNSCH AN DIE FRONT. MIT VERLAUB, MISS, SIE MACHEN DA EINE GROSSE DUMMHEIT!

ES WERDEN NOCH VIELE MENSCHEN VERWUNDET ODER VERSTÜMMELT WERDEN. ICH WILL MICH NÜTZLICH MACHEN.

SICH NÜTZLICH MACHEN... ODER SICH UMBRINGEN LASSEN, OHNE DASS JEMAND ETWAS DAVON HAT.

WIE ICH SAGTE, MISS: EINE GROSSE DUMMHEIT!

* ALS ROCHAMBELLES WURDEN SANITÄTERINNEN BEZEICHNET, DIE DIE TRUPPEN DER 2. PANZERDIVISION VON GENERAL PHILIPPE LECLERC BEGLEITETEN. ANM. DES ÜBERS.

ARDENNEN, 31. DEZEMBER, 16:30.
IMMER NOCH KEINE POST?
NEIN. SEIT AUGUST NICHTS… DABEI HATTE ER VERSPROCHEN…
128th
TYPISCH MANN. ERST WAS VERSPRECHEN, DANN SICH VERDRÜCKEN…
ROSIE IST IM HOF, EINE RAUCHEN… KOMMST DU AUCH?
GLEICH, ICH WASCHE DAS NUR NOCH AB.
WIE LIEF DIE OPERATION BEI DEM JUNGEN SOLDATEN?
SPLITTER HABEN SEINE RÜCKENWIRBEL C6 UND D6 GETROFFEN. DIE ZERSTÖRUNG DES LUNGEN- UND KARDIALNERVS HAT ZU GEFÄSSLÄHMUNG UND KREISLAUFVERSAGEN GEFÜHRT.
ICH KONNTE NICHTS FÜR IHN TUN.
BRATT-TATTA-RATTATATT
VERDAMMTE V1!
NUR GOTT WEISS, WO DIE WIEDER EINSCHLÄGT. DIE ARMEN MENSCHEN!
MIR IST KALT. ICH GEHE WIEDER REIN.
23 UHR 50.
HEY, NURSE! HELFEN SIE UNS!
JOANNE! SIE HABEN EINEN NEUEN VERWUNDETEN EINGELIEFERT! DU WIRST GEBRAUCHT…
FRAG ROSIE! ICH BIN VÖLLIG FERTIG!
ERINNERST DU DICH AN DEN SOLDATEN, VON DEM WIR SO OFT GESPROCHEN HABEN?
!? YEPSEN?
… ER LIEGT AUF UNSEREM OP-TISCH!…

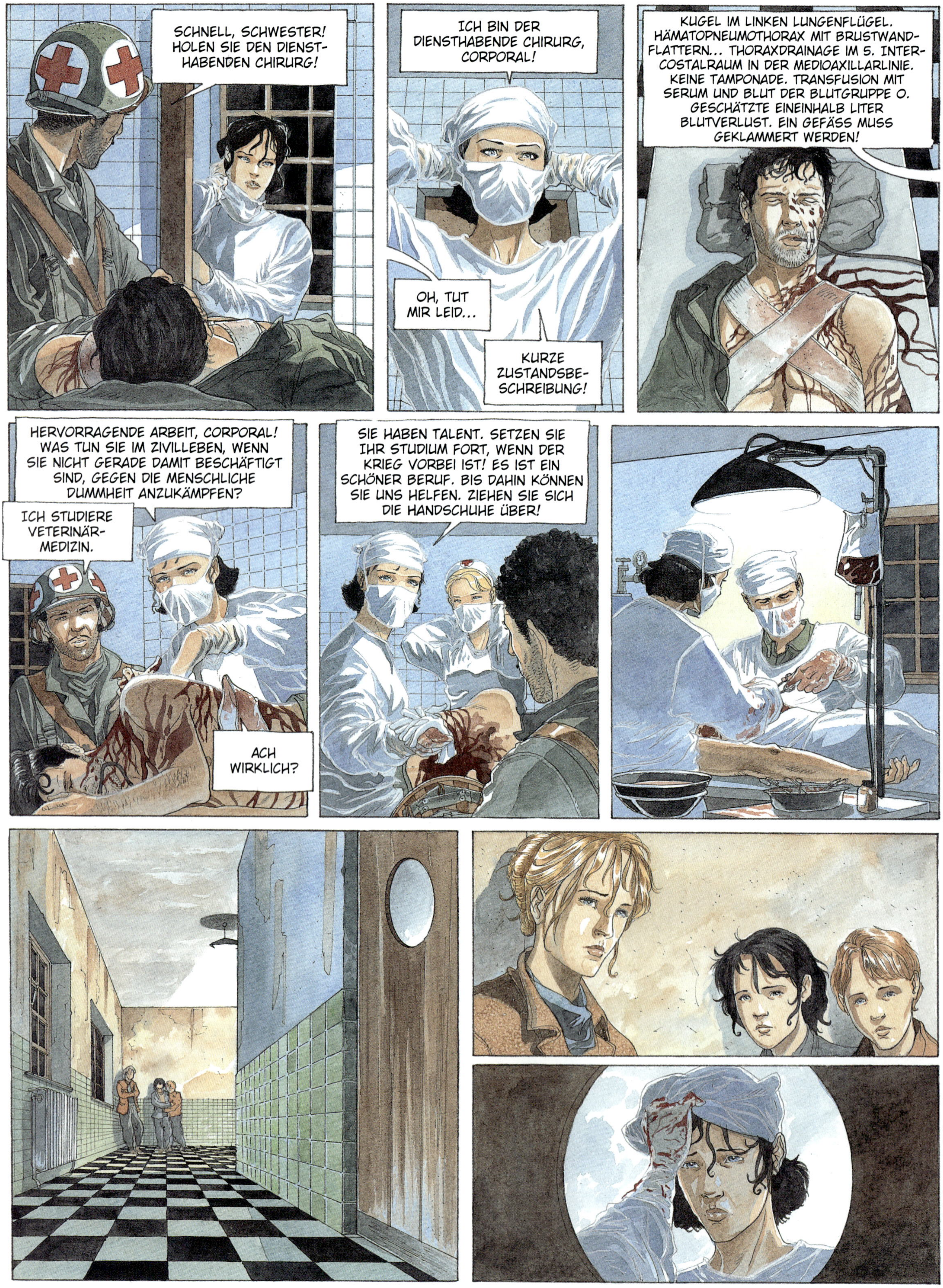
SCHNELL, SCHWESTER! HOLEN SIE DEN DIENSTHABENDEN CHIRURG!
ICH BIN DER DIENSTHABENDE CHIRURG, CORPORAL!
OH, TUT MIR LEID...
KURZE ZUSTANDSBESCHREIBUNG!
KUGEL IM LINKEN LUNGENFLÜGEL. HÄMATOPNEUMOTHORAX MIT BRUSTWANDFLATTERN... THORAXDRAINAGE IM 5. INTERCOSTALRAUM IN DER MEDIOAXILLARLINIE. KEINE TAMPONADE. TRANSFUSION MIT SERUM UND BLUT DER BLUTGRUPPE O. GESCHÄTZTE EINEINHALB LITER BLUTVERLUST. EIN GEFÄSS MUSS GEKLAMMERT WERDEN!
HERVORRAGENDE ARBEIT, CORPORAL! WAS TUN SIE IM ZIVILLEBEN, WENN SIE NICHT GERADE DAMIT BESCHÄFTIGT SIND, GEGEN DIE MENSCHLICHE DUMMHEIT ANZUKÄMPFEN?
ICH STUDIERE VETERINÄRMEDIZIN.
ACH WIRKLICH?
SIE HABEN TALENT. SETZEN SIE IHR STUDIUM FORT, WENN DER KRIEG VORBEI IST! ES IST EIN SCHÖNER BERUF. BIS DAHIN KÖNNEN SIE UNS HELFEN. ZIEHEN SIE SICH DIE HANDSCHUHE ÜBER!

41

SIE SIND WEGEN DES SOLDATEN YEPSEN HIER?

JA. WIE GEHT ES IHM? BITTE, SAGEN SIE NICHT, DASS ER...

NEIN, ER LEBT.

WIR HABEN DIE BLUTUNG GESTOPPT. SEINE ATMUNG HAT WIEDER EINGESETZT... DIE NÄCHSTEN STUNDEN WERDEN ENTSCHEIDEND SEIN...

GOTT SEI DANK!... DANKE, DANKE, DANKE... ICH... KANN ICH IHN SEHEN?

SPÄTER. ER IST NOCH NICHT BEI BEWUSSTSEIN.

DIESER MANN SCHEINT IHNEN VIEL ZU BEDEUTEN. DAS WUNDERT MICH. SOLDATEN BLEIBEN SELTEN LANGE GENUG AM SELBEN ORT, UM ERNSTHAFTE PRIVATE BEZIEHUNGEN ZU KNÜPFEN. WIE HABEN SIE IHN KENNEN GELERNT?

ER TAUCHTE GLEICH ZU BEGINN DER SCHLACHT BEI MIR AUF, ZUSAMMEN MIT ANDEREN VERSPRENGTEN SOLDATEN. ES WAR WIRKLICH DER PURE ZUFALL, DER UNS ZUSAMMENGEFÜHRT HAT...

ZUFALL...

DIESEN MANN, DEN SIE LIEBEN, SUCHE ICH SEIT MONATEN. ER WAR DER GRUND, WARUM ICH MICH UM EINE STELLE IN DIESEM HOSPITAL AN DER FRONT BEWORBEN HABE. ERST IN HOLLAND, DANN WIEDER IN FRANKREICH, UND JETZT IN DEN ARDENNEN...

JA ABER... WARUM?

HAT ER IHNEN JE VON DER NORMANDIE ERZÄHLT, VON ETWAS, DAS IHN SEHR BELASTET?

ICH WEISS, DASS ER EINE FAMILIE GETÖTET HAT. ES WAR EIN VERSEHEN, ABER ER MACHT SICH SCHLIMME VORWÜRFE.

DIESE FAMILIE...

... DAS WAR MEINE.

*JANVIER: JANUAR.

1945
Lundi
15
Janvier

Dimanche
14

Samedi
13

Vendredi
12

Jeudi
11

Mercredi
10

Mardi
9

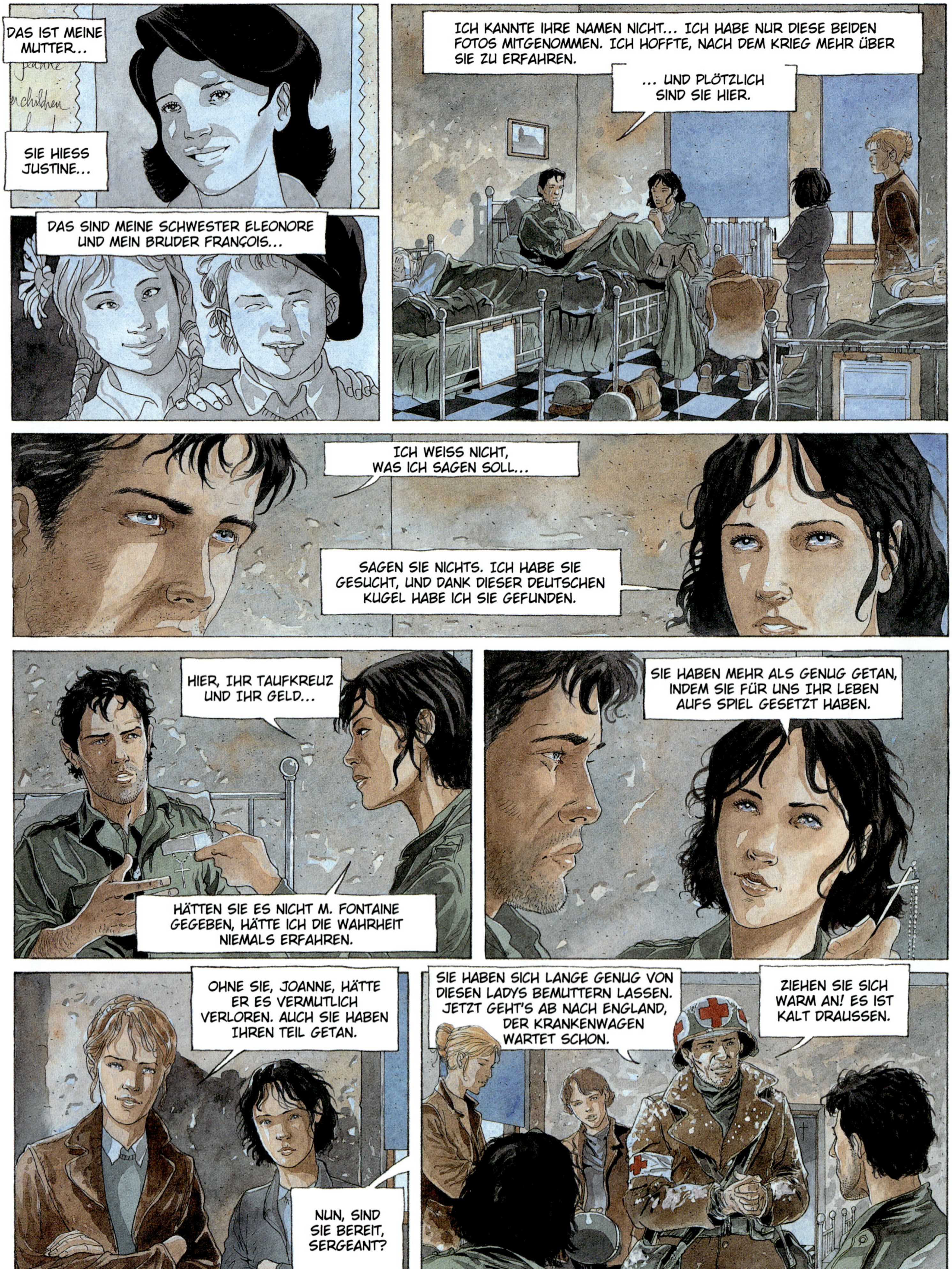
DAS IST MEINE MUTTER…
SIE HIESS JUSTINE…
DAS SIND MEINE SCHWESTER ELEONORE UND MEIN BRUDER FRANÇOIS…
ICH KANNTE IHRE NAMEN NICHT… ICH HABE NUR DIESE BEIDEN FOTOS MITGENOMMEN. ICH HOFFTE, NACH DEM KRIEG MEHR ÜBER SIE ZU ERFAHREN.
… UND PLÖTZLICH SIND SIE HIER.
ICH WEISS NICHT, WAS ICH SAGEN SOLL…
SAGEN SIE NICHTS. ICH HABE SIE GESUCHT, UND DANK DIESER DEUTSCHEN KUGEL HABE ICH SIE GEFUNDEN.
HIER, IHR TAUFKREUZ UND IHR GELD…
HÄTTEN SIE ES NICHT M. FONTAINE GEGEBEN, HÄTTE ICH DIE WAHRHEIT NIEMALS ERFAHREN.
SIE HABEN MEHR ALS GENUG GETAN, INDEM SIE FÜR UNS IHR LEBEN AUFS SPIEL GESETZT HABEN.
OHNE SIE, JOANNE, HÄTTE ER ES VERMUTLICH VERLOREN. AUCH SIE HABEN IHREN TEIL GETAN.
NUN, SIND SIE BEREIT, SERGEANT?
SIE HABEN SICH LANGE GENUG VON DIESEN LADYS BEMUTTERN LASSEN. JETZT GEHT'S AB NACH ENGLAND, DER KRANKENWAGEN WARTET SCHON.
ZIEHEN SIE SICH WARM AN! ES IST KALT DRAUSSEN.

BEHALTEN SIE DAS HEFT, JOANNE!

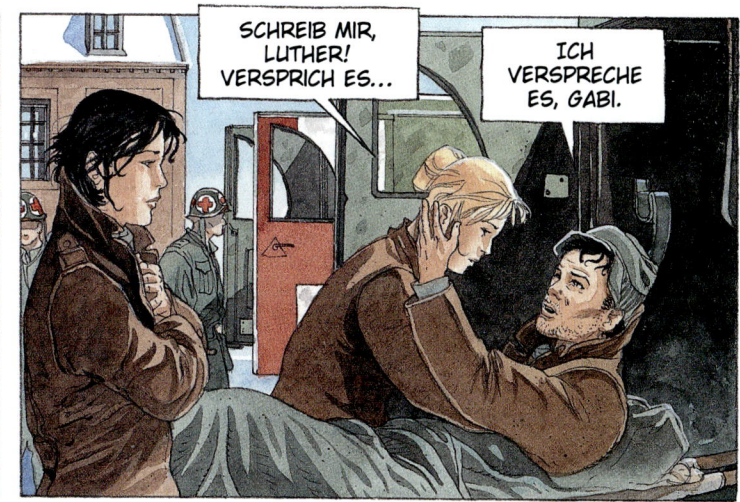

DANKE, LUTHER. PASSEN SIE GUT AUF SICH AUF.

SCHREIB MIR, LUTHER! VERSPRICH ES...

ICH VERSPRECHE ES, GABI.

ICH WEISS NICHT, OB LUTHER WORT GEHALTEN HAT.

JEDENFALLS BEKAM ICH ERST IM JULI EIN TELEGRAMM AUS DEN VEREINIGTEN STAATEN.

VOM „WAR DE-PARTMENT", UM GENAU ZU SEIN...

ROSIE UND ICH KONNTEN UNS IN CHERBOURG AUF DER USAHS* „FRANCES Y. SLANGER" EINSCHIFFEN. EINEM HOSPITALSCHIFF, UMGETAUFT ZUR ERINNERUNG AN DIE ERSTE AMERIKANISCHE KRANKENSCHWESTER, DIE IN EUROPA GETÖTET WURDE. FRANCES WAR EIGENTLICH EINE POLNISCHE JÜDIN, DIE VOR DEM KRIEG IN DIE USA EMIGRIERT WAR. ICH BIN IHR IN SENONCHES BEGEGNET, SPÄTER AUCH IN EUPEN IN BELGIEN.

IN „STARS AND STRIPES" WAR IHR LETZTER BRIEF VERÖFFENTLICHT WORDEN. GESCHRIEBEN HATTE SIE IHN NUR WENIGE STUNDEN, BEVOR SIE DURCH EINE GRANATE GETÖTET WURDE. SOLDATEN, SANITÄTER UND KRANKENSCHWESTERN AUF DER GANZEN WELT WAREN ERSCHÜTTERT.

WIE VIELE VON IHNEN WERDEN NIEMALS AUS DIESEM KRIEG ZURÜCK-KEHREN?

* UNITED STATES ARMY HOSPITAL SHIP. ANM. DES ÜBERS.

VERSAILLES, ILLIONOIS, DONNERSTAG, 2. AUGUST 1945...
JOANNE! SEIEN SIE UNS HERZLICH WILLKOMMEN! ICH HOFFE, SIE HATTEN EINE GUTE ÜBERFAHRT.
SIE WAR LANG, ABER AUFREGEND. ICH FREUE MICH, SIE WIEDERZUSEHEN, MRS. JENTRO.
NENNEN SIE MICH FLORENCE. ICH FINDE ES SO SCHÖN, EINE FRANZÖSIN BEI UNS ZU SEHEN. DIESE ELEGANZ... WUNDERVOLL!
SIE MACHEN MICH GANZ VERLEGEN...
WIE SIE SEHEN, IST *UNSER* VERSAILLES GANZ KLEIN! DER EINZIGE TURM, DEN WIR HIER HABEN, IST DER WASSERTURM DORT AUF DEM HÜGEL.
JENTRO GAS
WIR WERDEN UNS GUT UM SIE KÜMMERN... DAS KÖNNEN SIE MIR..
JOANNE!
DU BIST DA...
GAVIN! BIST DU ES?
JA, ICH BIN ES!
NUN JA, ZUR HÄLFTE...
ICH HABE NICHT GEWAGT, ES DIR ZU SCHREIBEN.
DU **LEBST**, GAVIN! NUR DAS ZÄHLT! **DU LEBST!**

WENN UNSER BRIEFTRÄGER CLYDE PORTER DICH SO SIEHT, KRIEGT DER ARME KERL EINEN HERZANFALL.

DAS ERHÖHT MEINE CHANCEN, WENN ICH MICH DEMNÄCHST AUF ARBEITSSUCHE BEGEBEN MUSS.

UM SO BESSER!

ICH KANN ES IMMER NOCH NICHT FASSEN, DASS DU HIER BIST, SPLITTERNACKT IN MEINEM FRÜHEREN KINDERZIMMER.

GENAU, WIR SOLLTEN UNS EIN ZUHAUSE SUCHEN. ICH MÖCHTE NACKT HERUMSPAZIEREN KÖNNEN, WANN IMMER MIR DANACH IST.

EIN ZUHAUSE MUSS MAN SICH KAUFEN. UND MIT MEINEM BLÖDEN BEIN WERDE ICH DIE DOLLARS KAUM HEREINHOLEN.

ICH KÜMMERE MICH SCHON UM DEIN BLÖDES BEIN!

DU BEKOMMST DIE SCHÖNSTE PROTHESE, DIE AMERIKA JE GESEHEN HAT... UND JETZT HÖR AUF ZU JAMMERN.

... DU BIST ZURÜCKGEKEHRT AUS DIESEM VERFLUCHTEN KRIEG!

COLLEVILLE-SUR-MER, 2. JUNI 1963...

AARON SINGER
PFC 116 INF 29 DIV
N.Y. JULY 17 1944

RUHE IN FRIEDEN, AARON.

HANS UND LUTHER, MEINE FREUNDE. WIR KENNEN UNS SCHON SO VIELE JAHRE, UND DOCH IST ES DAS ERSTE MAL, DASS WIR GEMEINSAM DIE GRÄBER DER NORMANDIE BESUCHEN.

ICH MÖCHTE EUCH EINE FRAGE STELLEN...

WAS HAT ES GEBRACHT, DIESES GEMETZEL? ICH HABE NIE EINE ANTWORT DARAUF GEFUNDEN.

NUN... ICH HABE GABRIELLE GEFUNDEN, MIT DER ICH IMMER NOCH SEHR GLÜCKLICH BIN... DEN KRIEG ÜBERLEBT ZU HABEN, HAT MICH AUCH GELEHRT, ALLES GELASSENER ZU NEHMEN. GLAUBE ICH ZUMINDEST... UND DU, HANS?

ICH HÄTTE HUNDERT MAL STERBEN MÜSSEN. ICH HATTE ALLES VERLOREN, ABER ICH HABE ES WIEDER AUFGEBAUT. 1954 HABE ICH EURE ADRESSEN BEKOMMEN, UND HEUTE BIN ICH HIER BEI EUCH.

SO IST DAS LEBEN...

IHR SAGT, WAS ES **EUCH** GEBRACHT HAT. DAS IST MIR ZU PHILOSOPHISCH UND BEANTWORTET NICHT WIRKLICH MEINE FRAGE.

DIE VERSÖHNUNG ZWISCHEN MEINEM LAND UND FRANKREICH, DAS IST SCHON ETWAS. NICHT ZU VERGESSEN DIE RÖMISCHEN VERTRÄGE, DIE VOR SECHS JAHREN UNTERZEICHNET WURDEN.

KOMMT, MEINE FREUNDE, GEHEN WIR ZURÜCK ZU UNSEREN GAZELLEN...

— ES IST SO STILL AM STRAND...

— JA, UND WENN WIR EINMAL NICHT MEHR SIND, WERDEN DIE NAMEN, DIE IN DIESE STELEN EINGRAVIERT SIND, NIEMANDEM MEHR ETWAS SAGEN.

— IHR MACHT VIELLEICHT EIN GESICHT!

— VIELE GRÄBER, VIELE FREUNDE... DAS GEHT VORBEI...

— WIR HEITERN EUCH AUF...

— ...UND WIR HABEN HUNGER.

— WAS HALTET IHR DAVON, WENN WIR IM NOVEMBER ZUSAMMEN NACH NEW YORK FAHREN? MEIN VATER ÜBERLÄSST UNS SEINE JOLLE.

— WAS MEINST DU, TOMMY? DA WÜRDEST DU ENDLICH DIE FREIHEITSSTATUE SEHEN. DAS WAR DOCH IMMER DEIN TRAUM, ODER?

— JA, DAS WÄRE SUPER!

— ALSO GUT, ABGEMACHT! IM NOVEMBER NACH NEW YORK!

KRRR... KWIIIZ... KRRR... DER SCHRIFTSTELLER ALDOUS HUXLEY IST HEUTE FRÜH GESTORBEN. WIR ERINNERN UNS AN SEINEN IM LETZTEN JAHR ERSCHIENENEN GROSSARTIGEN ROMAN „EILAND", IN DEM ER DIE UTOPIE EINER VOLLKOMMENEN GESELLSCHAFT ENTWIRFT UND DER ALS SEIN LITERARISCHES VERMÄCHTNIS GELTEN KANN... ♪♪ NUN ZUR POLITIK...

— NA, TOM, WAS SAGST DU?

— SIE IST **RIESIG**, LUTHER!

... DIE MASCHINE VON PRÄSIDENT KENNEDY IST HEUTE VORMITTAG AUF DEM ROLLFELD DES LOVE FIELD AIRPORT VON DALLAS GELANDET, WO DER PRÄSIDENT UND DIE FIRST LADY VOM GOUVERNEUR DES STAATES TEXAS, JOHN CONNALLY, BEGRÜSST WURDEN. IN WENIGEN AUGENBLICKEN WIRD SICH DER KONVOI IN BEWEGUNG SETZEN...

— MACHST DU BITTE DAS RADIO AUS, TOM? WIR SIND DA.

— ZU BEFEHL, CAPTAIN!

WOW!

IST DIE RIESIG!

... UND EINE FRANZÖSIN, WIE DEINE MAMA.

GAVIN, ÜBERNIMMST DU DAS STEUER?

YEP!

VON SO NAH HABE ICH SIE NOCH NIE GESEHEN.

ICH AUCH NICHT.

HAST DU SCHON GEHÖRT? DER PRÄSIDENT ZIEHT UNSERE TRUPPEN AUS VIETNAM AB.

SEHR GUT. ICH WEISS SOWIESO NICHT, WAS WIR DA ZU SUCHEN HABEN! EIN SINNLOSER KRIEG!

KENNST DU EINEN, DER NICHT SINNLOS IST?

WIE AUCH IMMER... WENN MAN DEN HIER NICHT FÜHRT, WIRD MAN EINEN ANDEREN FÜHREN. MIR GEFÄLLT DIE WELT NICHT, DIE WIR UNSEREN KINDERN HINTERLASSEN.

PESSIMISTISCH, ICH? NEIN.

... REALISTISCH.

ICH FINDE, DU BIST ZU PESSIMISTISCH...

ENDE

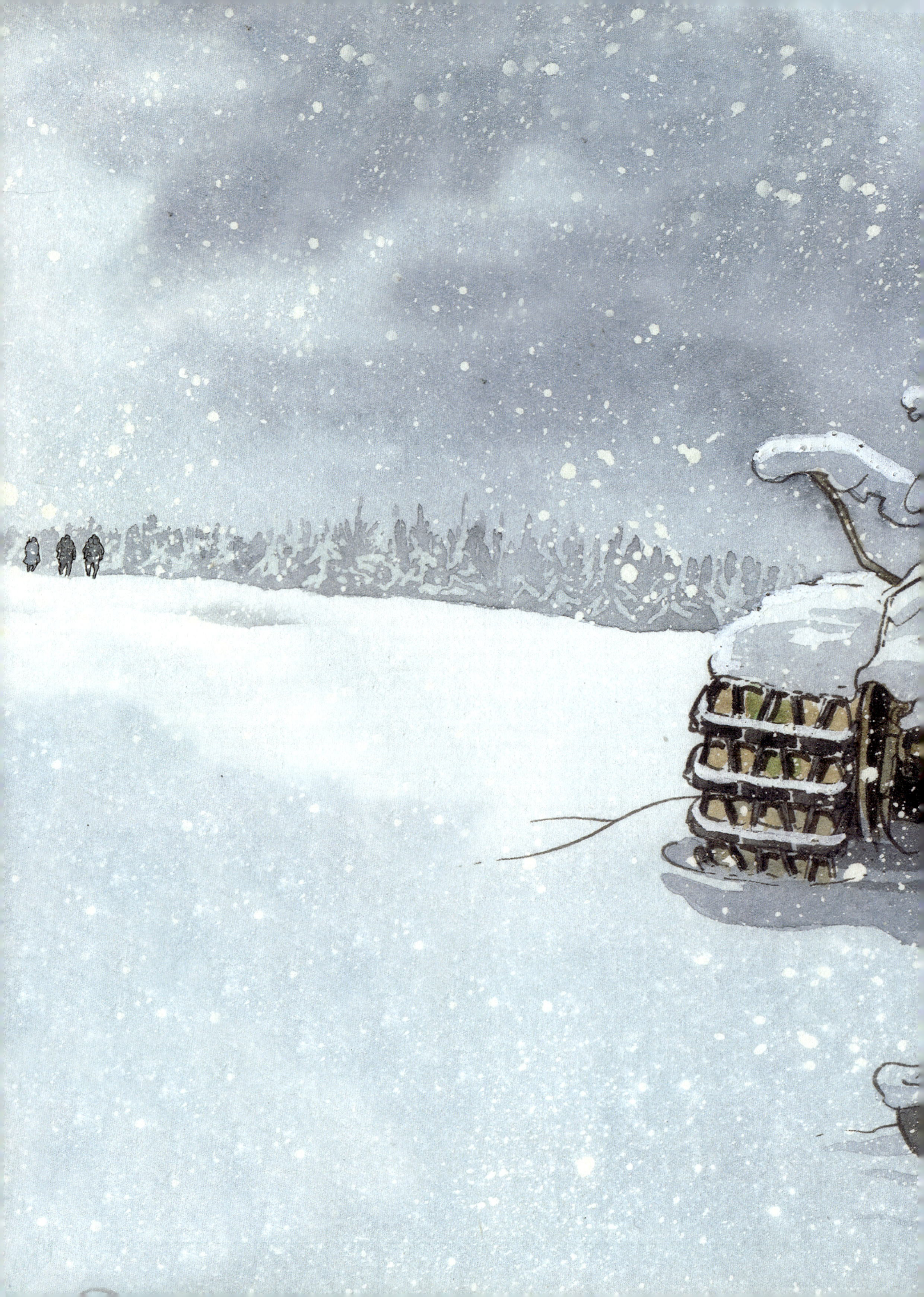